LUIZ RICARDO MANTOVANI DA SILVA

REDES DE COMPUTADORES

Freitas Bastos Editora

Direitos exclusivos da edição e distribuição em língua portuguesa:
Maria Augusta Delgado Livraria, Distribuidora e Editora
Direção Editorial: Isaac D. Abulafia
Gerência Editorial: Marisol Soto
Assistente Editorial: Larissa Guimarães
Copidesque: Georgia Pignataro
Revisão: Enrico Miranda
Diagramação e Capa: Vanúcia Santos

Dados Internacionais de Catalogação na Publicação (CIP)
de acordo com ISBD

S586r Silva, Luiz Ricardo Mantovani da

Redes de computadores / Luiz Ricardo Mantovani da Silva. - Rio de Janeiro, RJ : Freitas Bastos, 2025.
316 p. : 15,5cm x 23cm.

ISBN: 978-65-5675-588-5

1. Ciência da Computação. 2. Redes de computadores. I. Título.

2025-3377 CDD 004
CDU 004

Elaborado por Vagner Rodolfo da Silva - CRB-8/9410

Índices para catálogo sistemático:
1. Ciência da Computação 004
2. Ciência da Computação 004

Freitas Bastos Editora

atendimento@freitasbastos.com
www.freitasbastos.com

SUMÁRIO

PREFÁCIO

INTRODUÇÃO AO ESTUDO DAS REDES DE COMPUTADORES

Vivemos em uma era digital em que as redes de computadores são o alicerce de praticamente todas as atividades que envolvem comunicação e troca de informações. Desde a navegação na internet até a operação de sistemas corporativos complexos, a eficiência e segurança dessas redes são essenciais. Com o avanço rápido da tecnologia, torna-se cada vez mais imperativo para profissionais da área de Tecnologia da Informação (TI) entenderem profundamente o funcionamento das redes, as suas arquiteturas, os seus protocolos e os desafios inerentes à sua implementação e manutenção.

Este livro foi desenvolvido para guiar o leitor por uma jornada completa pelo universo das redes de computadores. Abordaremos desde os fundamentos até tópicos mais avançados e tendências recentes, oferecendo uma visão clara e prática das tecnologias utilizadas atualmente.

Outro objetivo é o de familiarizar o leitor com as inovações e tendências que estão transformando o cenário das redes de computadores, como a Internet das Coisas (IoT), Redes Definidas por *Software* (SDN) e o 5G. Com isso, espera-se que o leitor esteja preparado para lidar com os desafios atuais e futuros no campo das redes.

Este livro foi projetado para um público amplo, incluindo:

- Estudantes dos cursos de Ciência da Computação, Engenharia de Redes, Sistemas de Informação e áreas correlatas que estejam buscando uma introdução sólida às redes de computadores;

- Profissionais de TI que queiram revisar ou expandir os seus conhecimentos sobre redes;
- Autodidatas que tenham interesse em entender mais sobre o funcionamento das redes de comunicação que moldam o mundo digital;
- Qualquer pessoa que deseja se preparar para exames de certificação em redes, como os oferecidos pela Cisco (CCNA), entre outros.

Capítulo 1

FUNDAMENTOS DAS REDES DE COMPUTADORES

1.1 CONCEITOS BÁSICOS DE REDES

Redes de computadores consistem na interligação de dispositivos que compartilham recursos e informações. Esses dispositivos podem variar desde computadores pessoais até servidores e dispositivos móveis. As redes possibilitam a comunicação entre sistemas, o que permite o compartilhamento de dados, os recursos de *hardware*, como impressoras, e o acesso à internet. A comunicação entre os dispositivos em uma rede é mediada por protocolos de rede, que definem as regras e os procedimentos para o envio e recebimento de dados.

Segundo Tanenbaum (2011), "uma rede de computadores pode ser definida como um conjunto de sistemas autônomos interconectados que compartilham informações por meio de canais de comunicação". As redes de computadores são essenciais para a operação de empresas, instituições e, atualmente, até residências, permitindo que múltiplos dispositivos se conectem e colaborem em tempo real.

1.2 TIPOS DE REDES

As redes de computadores podem ser classificadas com base em sua área de cobertura geográfica e finalidade. Essas classificações ajudam a compreender as particularidades e aplicações de cada tipo de rede.

1.2.1 Redes Locais (LAN)

As **Redes Locais (Local Area Networks – LAN)** abrangem uma área geográfica limitada, como residências, escritórios ou prédios. Caracterizam-se por oferecer altas taxas de transferência de dados e baixa latência. A infraestrutura típica de uma LAN inclui cabos *Ethernet, switches* e roteadores, possibilitando comunicação rápida e confiável entre dispositivos próximos.

De acordo com Kurose e Ross (2013), "as LANs são frequentemente usadas para conectar dispositivos dentro de uma única organização e, graças à sua estrutura relativamente simples, oferecem alta velocidade de transmissão e confiabilidade". Exemplos incluem redes de computadores em escolas, laboratórios e empresas.

1.2.2 Redes Metropolitanas (MAN)

As **Redes Metropolitanas (Metropolitan Area Networks – MAN)** são projetadas para cobrir áreas maiores do que as LANs, como uma cidade ou um campus universitário. Essas redes conectam diferentes LANs, permitindo a comunicação entre prédios ou filiais de uma organização que estejam geograficamente próximos.

As MANs utilizam tecnologias, como fibra óptica, para transmitir dados em alta velocidade, garantindo desempenho e confiabilidade. Elas são essenciais para empresas com múltiplas localizações na mesma região metropolitana e aplicações de governo eletrônico em cidades inteligentes.

1.2.3 Redes de Longa Distância (WAN)

As **Redes de Longa Distância (Wide Area Networks – WAN)** têm alcance global, interconectando países ou continentes. Uma WAN conecta várias LANs ou MANs, possibilitando a comunicação entre redes distantes. Um exemplo clássico de WAN é a Internet, que conecta bilhões de dispositivos ao redor do mundo.

Conforme Stallings (2014), "uma WAN é composta por múltiplos sistemas de comunicação interligados, muitas vezes utilizando diferentes tipos de tecnologia e protocolos". As WANs utilizam links dedicados, satélites e infraestrutura de telecomunicações para atingir grandes distâncias.

Comparação entre os Tipos de Redes

Quadro 1.1 – Tipos de Redes

Característica	LAN	MAN	WAN
Cobertura Geográfica	Local (casa, escritório)	Regional (cidade, campus)	Global (continentes)
Velocidade	Alta	Moderada a alta	Variável
Latência	Baixa	Moderada	Alta
Infraestrutura	Simples (cabo, *switch*)	Complexa (fibra óptica)	Muito complexa (satélites)

Fonte: Elaborado pelo autor, 2025.

1.3 TOPOLOGIAS DE REDE

A topologia de uma rede descreve a forma como os componentes de uma rede — como computadores, *switches*, roteadores e cabos — estão dispostos fisicamente ou conectados logicamente. A escolha de uma topologia influencia fatores fundam, como desempenho, segurança, custo e facilidade de manutenção.

1.3.1 Topologia de Barramento

Na **topologia de barramento**, todos os dispositivos são conectados a um único cabo central, chamado de "barramento". Esse cabo funciona como um canal compartilhado para a transmissão de dados. Cada dispositivo é conectado ao cabo por meio de conectores específicos, e os dados trafegam ao longo do cabo, podendo ser acessados por qualquer dispositivo conectado.

Figura 1.1 – Rede tipo barramento

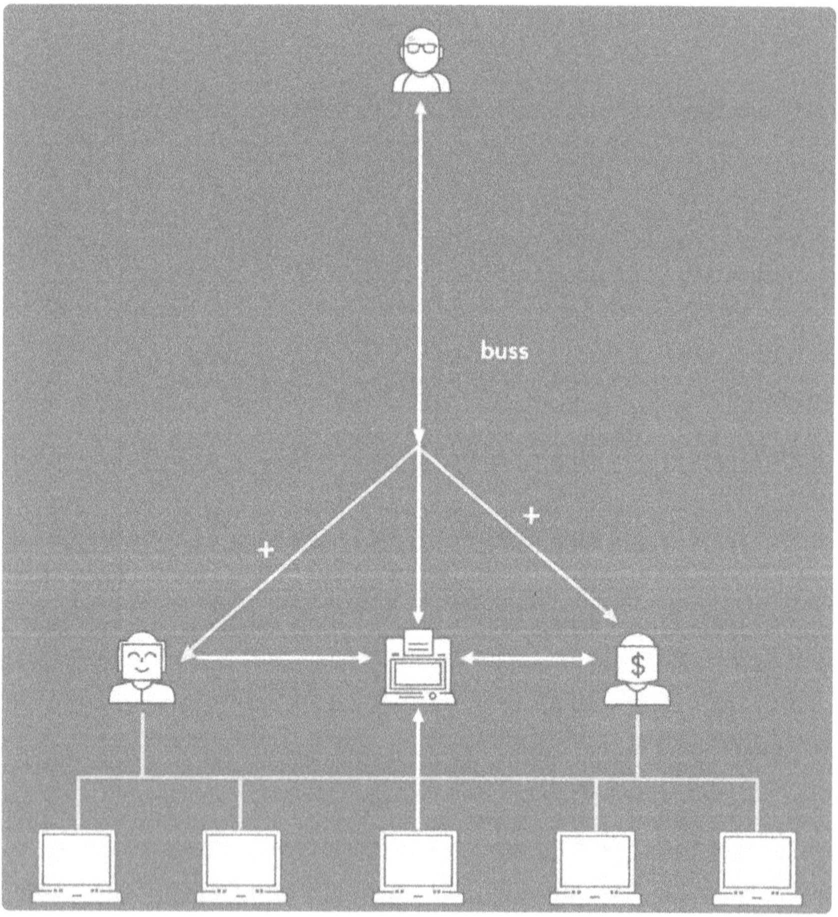

Fonte: Elaborado pelo autor – Gamma, 2024.

Vantagens:

- **Custo baixo:** Utiliza menos cabos e *hardware* em comparação com outras topologias;
- **Fácil de implementar:** Simples de configurar em redes pequenas e temporárias.

Desvantagens:

- **Baixa escalabilidade:** O desempenho diminui à medida que mais dispositivos são adicionados;
- **Dependência do cabo principal:** Uma falha no barramento interrompe toda a comunicação na rede;
- **Diagnóstico de falhas difícil:** É complicado localizar e corrigir problemas no cabo principal.

Embora amplamente utilizada em redes locais nos primórdios da computação, a topologia de barramento foi gradualmente substituída por outras mais eficientes, como a topologia de estrela, devido às suas limitações de desempenho e confiabilidade (Forouzan, 2013).

1.3.2 Topologia de Anel

A **topologia de anel** conecta os dispositivos em uma formação circular, em que cada dispositivo é conectado ao próximo, formando um ciclo fechado. Os dados trafegam pelo anel em um único sentido (sentido horário ou anti-horário), passando de dispositivo em dispositivo até atingir o destino.

Figura 1.2 – Rede tipo anel

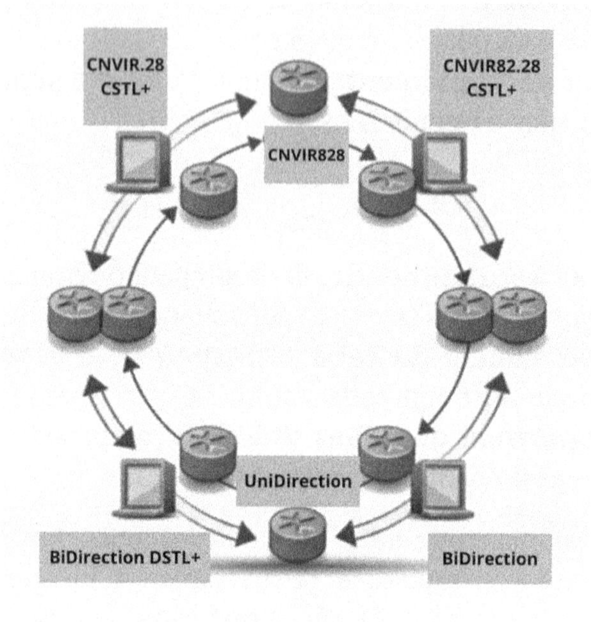

Fonte: Elaborado pelo autor – Gamma, 2025.

Vantagens:

- **Eficiência de transmissão:** O tráfego é bem distribuído, e não há colisões de dados como em topologias de barramento;
- **Organização lógica:** Cada dispositivo tem uma conexão clara e direta com os dispositivos adjacentes.

Desvantagens:

- **Vulnerabilidade a falhas:** A falha de um único dispositivo ou conexão pode interromper toda a rede;
- **Dificuldade de expansão:** Adicionar ou remover dispositivos exige reconfiguração da rede;
- **Complexidade de manutenção:** Localizar e corrigir problemas pode ser mais difícil em redes maiores.

Essa topologia é comum em redes que utilizam o protocolo Token Ring, embora o seu uso tenha diminuído significativamente com o advento de tecnologias mais modernas e resilientes.

1.3.3 Topologia de Estrela

A **topologia de estrela** é amplamente utilizada em redes modernas devido à sua simplicidade, ao seu desempenho e à sua confiabilidade. Nessa configuração, todos os dispositivos estão conectados a um ponto central, geralmente um *switch* ou roteador. Esse ponto central controla o tráfego de dados entre os dispositivos conectados.

Figura 1.3 – Rede tipo Estrela

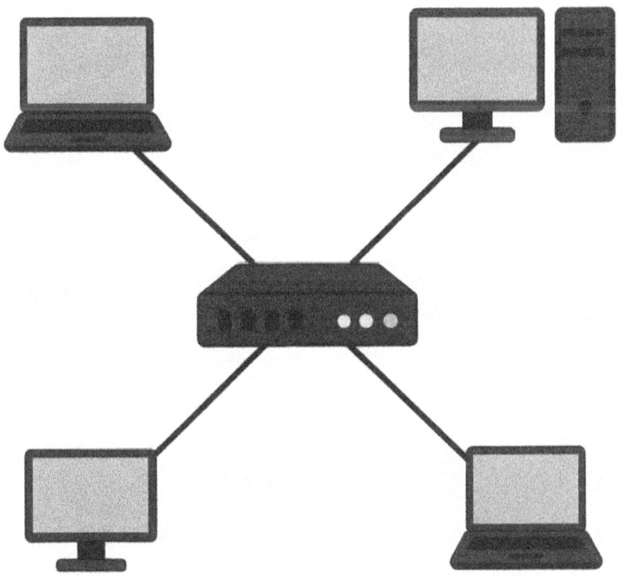

Fonte: Elaborado pelo autor – DALL.E, 2025.

Vantagens:

- **Alta confiabilidade:** Se um dispositivo falhar, os outros continuam funcionando normalmente, desde que o ponto central esteja operacional;
- **Fácil diagnóstico e manutenção:** Problemas podem ser rapidamente identificados e corrigidos, pois cada conexão é independente;
- **Escalabilidade:** É fácil adicionar novos dispositivos sem interromper a operação da rede.

Desvantagens:

- **Dependência do ponto central:** A falha do *switch* ou roteador interrompe toda a rede;
- **Maior custo inicial:** Requer mais cabos e um dispositivo central, o que pode aumentar os custos de instalação.

De acordo com Forouzan (2013), "a topologia estrela é amplamente utilizada devido à sua flexibilidade e resiliência a falhas", sendo ideal para redes domésticas e corporativas.

1.3.4 Topologia de Malha

Na **topologia de malha**, cada dispositivo está conectado diretamente a todos os outros dispositivos da rede, criando múltiplos caminhos para o tráfego de dados. Essa configuração é comum em redes que exigem alta disponibilidade e confiabilidade, como redes de missão crítica.

Vantagens:

- **Alta redundância:** Oferece múltiplos caminhos para a transmissão de dados, garantindo que a comunicação continue mesmo em caso de falha em uma conexão;
- **Excelente desempenho:** Permite transmissão simultânea de dados entre vários dispositivos.

Desvantagens:

- **Custo elevado:** Requer muitos cabos e interfaces de conexão;
- **Complexidade:** Difícil de instalar e gerenciar em redes maiores.

Essa topologia é amplamente utilizada em redes de *backbone* de telecomunicações e sistemas industriais críticos.

1.3.5 Topologia Híbrida

A **topologia híbrida** combina duas ou mais topologias, como estrela, barramento ou anel, para atender a necessidades específicas de uma rede. Por exemplo, uma rede corporativa pode utilizar uma topologia de estrela para os departamentos e uma topologia de malha para os servidores principais.

Vantagens:

- **Flexibilidade:** pode ser adaptada para atender diferentes requisitos de desempenho e confiabilidade;
- **Customização:** Permite aproveitar os benefícios de várias topologias.

Desvantagens:

- **Complexidade de configuração:** O projeto e a manutenção podem ser desafiadores;
- **Maior custo:** A integração de diferentes topologias pode aumentar os custos de instalação.

Essa topologia é frequentemente encontrada em redes corporativas e de *data centers*, em que a combinação de diferentes estruturas é necessária para lidar com demandas específicas.

A vantagem da topologia híbrida é a possibilidade de ser ajustada para aproveitar as melhores características de cada topologia, maximizando o desempenho e a resiliência.

Comparação entre Topologias

Quadro 1.2 – Topologias de Rede

Topologia	Vantagens	Desvantagens	Aplicações
Barramento	Custo baixo, fácil de implementar	Falhas interrompem a rede, baixa escalabilidade	Redes antigas e temporárias
Anel	Sem colisões, organização clara	Vulnerável a falhas, difícil de expandir	Redes Token Ring, sistemas de automação
Estrela	Alta confiabilidade, fácil de expandir	Dependência do ponto central	Redes corporativas e domésticas modernas
Malha	Alta redundância, confiabilidade	Alto custo, complexidade	Redes de missão crítica, telecomunicações
Híbrida	Flexível, customizável	Configuração e manutenção complexas	Redes corporativas e *data centers*

Fonte: Elaborado pelo autor, 2025.

Essas topologias fornecem a base para o planejamento e a implementação de redes, permitindo atender a diferentes necessidades de desempenho, custo e resiliência.

QUESTÕES

1. Defina o que é uma rede de computadores.

2. Qual a função principal dos protocolos de rede?

3. Quais são os principais tipos de redes de computadores baseados na área de cobertura?

4. Explique a diferença entre LAN e WAN.

5. O que caracteriza uma rede MAN?

6. Cite uma aplicação comum de uma rede LAN.

7. Por que a topologia de barramento foi substituída por outras?

8. Quais são as vantagens e desvantagens da topologia de anel?

9. Descreva a topologia de estrela e cite onde ela é mais utilizada.

10. Qual a principal vantagem da topologia de malha?

11. Quais fatores influenciam na escolha de uma topologia de rede?

12. Explique o conceito de topologia híbrida.

13. Como as redes podem ser classificadas quanto à área de abrangência?

14. O que é a latência em redes de computadores?

15. Compare as características de custo e escalabilidade entre a topologia de barramento e a de estrela.

16. Qual a relação entre dispositivos e canais de comunicação em uma rede de computadores?

17. Quais problemas podem ocorrer em uma topologia de barramento quando há falha no cabo principal?

18. Quais as vantagens das redes WAN em relação às LANs?

19. Por que as MANs são frequentemente utilizadas por universidades?

20. Cite dois exemplos de tecnologias que podem ser usadas para implementar redes MAN.

Capítulo 2:

PROTOCOLOS DE REDE E MODELOS DE REFERÊNCIA

2.1 MODELO OSI

O **Modelo de Referência OSI** (Open Systems Interconnection), desenvolvido pela **ISO** (International Organization for Standardization), é um *framework* conceitual que divide a comunicação em redes de computadores em sete camadas distintas, cada uma responsável por uma função específica no processo de transmissão de dados. Embora o Modelo OSI não defina protocolos específicos, oferece uma base teórica para o desenvolvimento de tecnologias de rede e é amplamente utilizado em ambientes acadêmicos e corporativos para descrever como diferentes sistemas de rede interagem entre si.

O principal objetivo do Modelo OSI é promover a interoperabilidade entre diferentes fabricantes e tecnologias de rede, permitindo que diferentes sistemas de computadores possam se comunicar de maneira eficaz, independentemente das suas diferenças internas de *hardware* ou *software*. As sete camadas do modelo seguem uma hierarquia, sendo que a camada inferior

(Camada Física) está mais próxima do meio de transmissão, enquanto a camada superior (Camada de Aplicação) está mais próxima do usuário final.

2.1.1 Camada Física

A **Camada Física** é a primeira e mais básica camada do Modelo OSI. Ela lida com a transmissão de dados brutos sob a forma de sinais elétricos, ópticos ou de rádio, por meio de um meio de comunicação físico, como cabos (coaxial, par trançado, fibra óptica) ou redes sem fio. A camada física define todas as especificações relacionadas ao *hardware*, como cabos, conectores, voltagens de sinal, sincronização de *bits* e métodos de modulação. A sua principal função é garantir que os *bits* individuais de dados sejam transmitidos corretamente de um dispositivo a outro.

Por exemplo, em uma conexão *Ethernet* com fio, os *bits* são transmitidos por meio de cabos de cobre utilizando sinais elétricos que representam os valores de 0s e 1s. A camada física também se preocupa com o ***layout* físico da rede**, como a topologia de rede (estrela, barramento, anel etc.) e com as questões relacionadas à **sincronização de sinais** para garantir que o receptor saiba quando começar e terminar de ler os dados recebidos.

Funções da Camada Física:

- Definição de **voltagem** e **frequência** dos sinais;
- **Modulação** de sinais para transmissão via diferentes meios físicos;
- Controle de **sincronização** de *bits* e taxa de transmissão de dados;
- Definição de **topologias de rede** e interfaces de *hardware*.

Protocolos e Tecnologias Associadas:

- **IEEE 802.3 (*Ethernet*)**: Define a transmissão de dados em redes locais cabeadas (LANs);
- **Wi-Fi (IEEE 802.11)**: Define a transmissão de dados sem fio;
- **Bluetooth**: Comunicação sem fio de curto alcance para dispositivos móveis.

2.1.2 Camada de Enlace de Dados

A **Camada de Enlace de Dados** é responsável por garantir que os dados sejam transmitidos corretamente entre dois dispositivos diretamente conectados, por meio do meio físico controlado pela camada anterior. Ela lida com a detecção e correção de erros que possam ocorrer durante a transmissão e garante que os quadros (*frames*) de dados cheguem ao destino corretamente.

Essa camada também é responsável pelo **endereçamento físico**, utilizando endereços MAC (Media Access Control) para identificar dispositivos na rede. Ela está dividida em duas subcamadas:

- **LLC (Logical Link Control)**: Fornece serviços de controle de fluxo e correção de erros;
- **MAC (Media Access Control)**: Controla o acesso ao meio físico, determinando quando um dispositivo pode transmitir dados, evitando colisões.

Funções da Camada de Enlace de Dados:

- **Correção de erros** e retransmissão de quadros de dados corrompidos;
- **Controle de fluxo** para evitar congestionamento na rede;
- **Endereçamento físico** por meio de endereços MAC;
- **Detecção de colisões** em redes compartilhadas, garantindo que múltiplos dispositivos possam acessar o meio físico sem conflitos.

Protocolos e Tecnologias Associadas:

- ***Ethernet* (IEEE 802.3)**: Protocolo amplamente utilizado em redes locais;
- **Wi-Fi (IEEE 802.11)**: Protocolo para redes sem fio;
- **PPP (Point-to-Point Protocol)**: Usado para conexões ponto a ponto, como em redes de acesso discado e conexões de banda larga.

2.1.3 Camada de Rede

A **Camada de Rede** é responsável pelo **roteamento dos pacotes de dados** entre redes diferentes. Enquanto a camada de enlace de dados cuida da entrega de dados em uma única rede, a camada de rede se encarrega de garantir que os pacotes cheguem ao destino final, que pode estar localizado em outra rede, passando por múltiplos dispositivos intermediários (roteadores).

O protocolo mais importante nesta camada é o **IP (Internet Protocol)**, que fornece o endereçamento lógico necessário para identificar dispositivos em uma rede global. Existem duas versões principais do protocolo IP: **IPv4**, que usa endereços de 32 *bits*, e **IPv6**, que usa endereços de 128 *bits*, permitindo um número significativamente maior de dispositivos conectados à rede.

Funções da Camada de Rede:

- **Endereçamento lógico**: Atribui endereços IP únicos a dispositivos em uma rede;
- **Roteamento**: Escolhe o melhor caminho para que os pacotes cheguem ao destino, utilizando algoritmos de roteamento;
- **Fragmentação**: Divide grandes pacotes de dados em unidades menores, chamadas de fragmentos, para que possam ser transmitidos por redes com diferentes tamanhos de pacotes.

Protocolos e Tecnologias Associadas:

- **IP (Internet Protocol)**: Principal protocolo responsável pelo endereçamento e roteamento de pacotes;
- **ICMP (Internet Control Message Protocol)**: Usado para enviar mensagens de erro e controle na rede (por exemplo, *ping*);
- **ARP (Address Resolution Protocol)**: Tradução de endereços IP para endereços MAC.

2.1.4 Camada de Transporte

A **Camada de Transporte** é responsável por garantir a entrega confiável dos dados entre sistemas de rede, independentemente da infraestrutura de rede subjacente. Ela assegura que os pacotes cheguem ao destino na ordem correta e sem duplicação ou perda, oferecendo controle de fluxo, segmentação e controle de erros. Existem dois protocolos principais nesta camada:

- **TCP (Transmission Control Protocol)**: Um protocolo orientado à conexão, que garante a entrega confiável dos dados. O TCP estabelece uma conexão entre o emissor e o receptor antes de iniciar a transmissão, assegurando que todos os pacotes de dados sejam entregues corretamente e na ordem correta. Além disso, o TCP oferece mecanismos de controle de congestionamento e reenvio de pacotes perdidos;
- **UDP (User Datagram Protocol)**: Um protocolo não orientado à conexão, que oferece transmissão rápida de dados, mas sem garantias de entrega ou ordem. O UDP é ideal para aplicações que requerem alta velocidade e podem tolerar alguma perda de dados, como streaming de vídeo ou chamadas VoIP.

Funções da Camada de Transporte:

- **Controle de fluxo**: Garante que os dispositivos não enviem dados em uma velocidade superior à capacidade do receptor;
- **Controle de erros**: Detecta e corrige erros nos dados transmitidos;
- **Segmentação**: Divide dados grandes em segmentos menores, mais fáceis de gerenciar e transmitir.

Protocolos e Tecnologias Associadas:

- **TCP (Transmission Control Protocol)**: Protocolo confiável, orientado à conexão;
- **UDP (User Datagram Protocol)**: Protocolo não confiável, orientado à velocidade.

2.1.5 Camada de Sessão

A **Camada de Sessão** controla o **estabelecimento, gerenciamento e encerramento de sessões** de comunicação entre dois dispositivos. Ela lida com a sincronização e manutenção da sessão, permitindo que os dispositivos troquem dados de forma contínua por um período de tempo.

Por exemplo, em uma videoconferência, a camada de sessão é responsável por manter a sessão de comunicação aberta e sincronizada, garantindo que, mesmo que a conexão seja temporariamente interrompida, a sessão possa ser retomada sem perda de dados.

Funções da Camada de Sessão:

- **Gerenciamento de sessões**: Estabelece, mantém e encerra conexões entre dois dispositivos;
- **Sincronização**: Define pontos de verificação para que uma sessão interrompida possa ser retomada de onde parou.

Protocolos e Tecnologias Associadas:

- **RPC (Remote Procedure Call)**: Permite que programas executem funções em outros computadores em uma rede;
- **NetBIOS**: Usado para comunicação em redes locais.

2.1.6 Camada de Apresentação

A **Camada de Apresentação** é responsável pela **conversão e formatação dos dados** para que possam ser entendidos pelas aplicações. Ela lida com a tradução de diferentes formatos de dados, criptografia e compressão. Um exemplo de função desta camada é converter dados em formato ASCII para EBCDIC ou vice-versa, se os dois sistemas em comunicação usarem diferentes formatos de codificação de caracteres.

A criptografia utilizada para proteger dados em transações financeiras ou comunicação segura na *web* (SSL/TLS) ocorre nesta camada.

Funções da Camada de Apresentação:

- **Criptografia**: Garante a segurança dos dados durante a transmissão;
- **Compressão**: Reduz o tamanho dos dados para que possam ser transmitidos mais rapidamente;
- **Conversão de formato**: Traduz dados de diferentes formatos para que possam ser interpretados corretamente pela camada de aplicação.

Protocolos e Tecnologias Associadas:

- **SSL/TLS (Secure Sockets Layer / Transport Layer Security)**: Criptografia de dados para comunicação segura;
- **JPEG, MPEG**: Formatos de compressão de dados.

2.1.7 Camada de Aplicação

A **Camada de Aplicação** é a camada mais próxima do usuário final e oferece serviços de rede diretamente aos aplicativos de *software*. Nessa camada, operam protocolos que suportam atividades específicas do usuário, como navegação na *web*, envio de e-mails, transferência de arquivos e resolução de nomes de domínio.

Funções da Camada de Aplicação:

- **Serviços de rede para aplicações**: Oferece interfaces para que aplicativos interajam com os serviços de rede;
- **Protocolo de alto nível**: Define os protocolos usados diretamente pelos aplicativos, como navegação na *web*, e-mails e transferência de arquivos.

Protocolos e Tecnologias Associadas:

- **HTTP/HTTPS**: Protocolo utilizado para navegação na *web*;
- **FTP (File Transfer Protocol)**: Transferência de arquivos entre dispositivos;
- **DNS (Domain Name System)**: Resolução de nomes de domínio para endereços IP;
- **SMTP (Simple Mail Transfer Protocol)**: Envio de e-mails.

Conclusão

O **Modelo OSI** fornece uma estrutura teórica valiosa para o entendimento da comunicação em redes de computadores, dividindo o processo em camadas funcionais. Embora o modelo não seja amplamente utilizado na prática para desenvolvimento de redes, ele continua a ser uma ferramenta didática essencial, facilitando a compreensão de como os diferentes componentes da rede interagem para permitir a comunicação entre dispositivos.

2.2 MODELO TCP/IP

O **Modelo TCP/IP** (Transmission Control Protocol/Internet Protocol) é a arquitetura de rede padrão da internet e tem ampla aplicação em redes privadas e corporativas. Diferente do Modelo OSI, que serve principalmente como referência teórica, o modelo TCP/IP foi desenvolvido com foco prático na interconexão de sistemas heterogêneos. Ele define um conjunto de protocolos usados para conectar dispositivos por meio da internet e outras redes. A principal vantagem do TCP/IP sobre o OSI é a sua simplicidade e robustez para a implementação em redes complexas e escaláveis.

Ao contrário do Modelo OSI, que divide as funções da rede em sete camadas, o TCP/IP utiliza apenas quatro camadas: **Camada de Acesso à Rede**, **Camada de Internet**, **Camada de Transporte** e **Camada de Aplicação**. Estas camadas correspondem, grosso modo, a funções análogas às camadas do OSI, mas de uma maneira mais simplificada.

2.2.1 Camada de Acesso à Rede

A **Camada de Acesso à Rede** (Network Access Layer) do modelo TCP/IP engloba as funções das camadas física e de enlace de dados do Modelo OSI. Essa camada é responsável pela interação direta com o meio físico de transmissão, seja via cabos, fibra óptica ou comunicação sem fio. As tecnologias dessa camada lidam com a forma como os dados são transmitidos de um dispositivo para outro na mesma rede física, sendo responsáveis tanto pelo envio de *bits* quanto pelo controle do acesso ao meio compartilhado.

Dentro dessa camada, podemos encontrar protocolos amplamente utilizados, como o *Ethernet* (IEEE 802.3), que padroniza a forma como os dispositivos trocam quadros de dados em redes locais (LANs), e o **Wi-Fi** (IEEE 802.11), que define a comunicação sem fio para redes locais. Outro protocolo importante é o **PPP (Point-to-Point Protocol)**, usado em conexões diretas, como conexões de discagem ou links de telecomunicações ponto a ponto.

Além disso, essa camada também se preocupa com a configuração e o endereçamento de *hardware* (endereços MAC), bem como o controle de acesso ao meio, determinando como os dispositivos compartilham os recursos da rede. Em redes *Ethernet*, por exemplo, o protocolo **CSMA/CD (Carrier Sense Multiple Access with Collision Detection)** regula a comunicação, garantindo que dispositivos possam transmitir dados sem interferência.

Os principais elementos dessa camada incluem:

- **Modos de transmissão de dados** (sinais elétricos, ópticos, de rádio etc.);
- **Tipos de meio físico** (cabos de par trançado, fibra óptica, ondas de rádio);
- **Controle de acesso ao meio** (CSMA/CD, CSMA/CA);
- **Endereçamento físico** (endereços MAC).

Exemplos de Protocolos na Camada de Acesso à Rede:

- *Ethernet*: Um padrão de rede local que define como os dados são formatados e transmitidos em redes cabeadas;
- **Wi-Fi (IEEE 802.11)**: Um protocolo para redes locais sem fio que usa ondas de rádio para comunicação entre dispositivos;
- **PPP (Point-to-Point Protocol)**: Um protocolo utilizado para estabelecer uma conexão direta entre dois nós de rede.

Função Crítica:

A camada de acesso à rede é fundamental para garantir que os dados possam se mover entre dois dispositivos que compartilham o mesmo meio físico de comunicação. Ela fornece a base sobre a qual todas as outras camadas constroem seus serviços e é essencial para qualquer tipo de conectividade, seja local ou remota.

2.2.2 Camada de Internet

A **Camada de Internet** (Internet Layer) é equivalente à camada de rede no Modelo OSI. A sua função principal é o roteamento de pacotes entre redes distintas, o que permite a comunicação entre dispositivos que estão em redes diferentes. O principal protocolo dessa camada é o **IP (Internet Protocol)**, que define a forma como os pacotes são endereçados e roteados na rede.

O **IP** é um protocolo não orientado à conexão, o que significa que os pacotes de dados (chamados de **datagramas**) são enviados de forma independente, sem que haja uma conexão previamente estabelecida entre o emissor e o receptor. Cada pacote contém um **endereço IP** de origem e um **endereço IP de destino**, o que permite que ele seja roteado de um ponto a outro na rede, potencialmente passando por vários roteadores intermediários.

Existem duas versões principais do protocolo IP:

- **IPv4 (Internet Protocol version 4)**: A versão mais antiga e amplamente utilizada, que usa endereços de 32 *bits*. Com o aumento da demanda por novos dispositivos conectados à internet, o IPv4 começou a enfrentar o problema de escassez de endereços;
- **IPv6 (Internet Protocol version 6)**: Desenvolvido para substituir o IPv4, o IPv6 usa endereços de 128 *bits*, o que aumenta drasticamente o número de endereços disponíveis e melhora a eficiência do roteamento.

Além do IP, outros protocolos importantes nesta camada incluem:

- **ICMP (Internet Control Message Protocol)**: Usado para enviar mensagens de erro e informações de controle na rede. Ferramentas como ***ping*** e ***traceroute*** utilizam o ICMP para diagnosticar problemas de conectividade;
- **ARP (Address Resolution Protocol)**: Um protocolo usado para mapear endereços IP em endereços MAC em redes locais, garantindo que um pacote IP chegue ao destino correto dentro da rede local;

- **RARP (Reverse Address Resolution Protocol)**: Um protocolo usado para descobrir o endereço IP de um dispositivo com base em seu endereço MAC.

Função Crítica:

A Camada de Internet garante que os dados possam ser encaminhados de uma rede para outra, formando a base do que conhecemos como "*internetworking*". Ela é responsável por garantir que os pacotes de dados possam viajar por redes complexas, eventualmente chegando ao destino final, independentemente de onde estejam.

2.2.3 Camada de Transporte

A **Camada de Transporte** (Transport Layer) no modelo TCP/IP é análoga à camada de transporte do modelo OSI. Ela garante que os dados sejam transferidos de forma confiável entre dois dispositivos, estabelecendo uma comunicação fim a fim. Nessa camada, dois dos protocolos mais importantes são o **TCP (Transmission Control Protocol)** e o **UDP (User Datagram Protocol)**.

- **TCP (Transmission Control Protocol)**: Um protocolo orientado à conexão, que garante a entrega confiável dos dados. O TCP divide os dados em segmentos, que são numerados sequencialmente e enviados ao destino. O protocolo garante que os segmentos sejam entregues na ordem correta, reenvia segmentos perdidos e evita a duplicação. Ele também realiza controle de fluxo e controle de congestionamento, ajustando a taxa de envio conforme as condições da rede. Aplicações que requerem confiabilidade, como transferência de arquivos, e-mails e navegação na *web* (HTTP/HTTPS), utilizam o TCP;

Um exemplo prático do TCP é o ***handshake* de três vias**, usado para estabelecer uma conexão confiável:

1. O emissor envia um segmento **SYN** (Synchronize);
2. O receptor responde com um **SYN-ACK** (Synchronize-Acknowledge);
3. O emissor finaliza o processo com um **ACK** (Acknowledge), estabelecendo a conexão.

- **UDP (User Datagram Protocol)**: Um protocolo não orientado à conexão, usado quando a velocidade é mais importante do que a confiabilidade. O UDP não garante que os pacotes cheguem ao destino, nem na ordem correta. Aplicações que podem tolerar alguma perda de dados, como transmissão de vídeo ao vivo, VoIP e jogos online, utilizam o UDP, pois ele tem menos sobrecarga e oferece maior rapidez de transmissão em comparação com o TCP.

Função Crítica:

A camada de transporte é essencial para gerenciar a comunicação fim a fim entre dispositivos na rede, assegurando que os dados cheguem de maneira correta e controlada (TCP) ou de forma rápida e sem garantias de entrega (UDP). Isso permite que as aplicações escolham o protocolo mais adequado para suas necessidades, balanceando confiabilidade e desempenho.

2.2.4 Camada de Aplicação

A **Camada de Aplicação** (Application Layer) no modelo TCP/IP corresponde às camadas de aplicação, apresentação e sessão do modelo OSI. Nessa camada, residem os protocolos usados diretamente pelos aplicativos que os usuários finais interagem. Cada protocolo define uma forma específica de comunicação entre dispositivos para realizar uma função ou serviço.

Os principais protocolos na camada de aplicação incluem:

- **HTTP (Hypertext Transfer Protocol)**: O protocolo utilizado para a transferência de páginas *web*. Quando um usuário acessa um site, o seu navegador envia uma solicitação HTTP para o servidor, que retorna o conteúdo da página. O **HTTPS** (HTTP Secure) é a versão segura desse protocolo, que usa **TLS (Transport Layer Security)** ou **SSL (Secure Sockets Layer)** para criptografar as comunicações;

- **DNS (Domain Name System)**: Traduz nomes de domínio legíveis por humanos (como www.exemplo.com) em endereços IP, permitindo que os dispositivos localizem e se comuniquem com outros sistemas na rede. Sem o DNS, os usuários teriam que memorizar endereços IP numéricos para acessar sites, o que seria impraticável;
- **SMTP (Simple Mail Transfer Protocol)**: Usado para o envio de e-mails. O SMTP envia e-mails de um cliente de e-mail para um servidor de e-mail e, de lá, para o servidor do destinatário;
- **FTP (File Transfer Protocol)**: Protocolo usado para transferir arquivos entre sistemas na rede. Ele permite que os usuários enviem e recebam arquivos de um servidor, sendo amplamente utilizado para o upload de sites e arquivos para servidores *web*.

Função Crítica:

A camada de aplicação é onde a interação direta com o usuário acontece. Ela fornece a interface para que os usuários e aplicativos possam acessar serviços de rede, como navegação na *web*, envio de e-mails e transferências de arquivos.

Considerações Finais

O modelo TCP/IP se consolidou como o modelo de referência para a comunicação em redes devido à sua simplicidade e flexibilidade. As quatro camadas do TCP/IP permitem que as aplicações escolham protocolos específicos para suas necessidades, seja para comunicação confiável ou para transmissão rápida e de baixa latência. A robustez desse modelo é o que permitiu o crescimento exponencial da internet, conectando bilhões de dispositivos em todo o mundo.

2.3 PRINCIPAIS PROTOCOLOS DE REDE

Nessa seção, exploraremos os principais protocolos que operam em redes de computadores e são fundamentais para a comunicação em ambientes locais (LAN), metropolitanos (MAN) e globais (WAN).

2.3.1 *Ethernet*

O protocolo ***Ethernet*** é a base da maioria das redes locais modernas e foi padronizado pela IEEE como **IEEE 802.3**. O *Ethernet* utiliza um sistema de endereçamento MAC (Media Access Control) e permite que vários dispositivos em uma rede compartilhem o mesmo meio de comunicação, como cabos de cobre ou fibra óptica.

O ***Ethernet*** pode operar em diferentes velocidades, como **Fast *Ethernet*** (100 Mbps), **Gigabit *Ethernet*** (1 Gbps) e **10 Gigabit *Ethernet*** (10 Gbps), sendo amplamente utilizado tanto em redes residenciais quanto em ambientes corporativos. A principal vantagem do *Ethernet* é sua simplicidade, escalabilidade e confiabilidade.

2.3.2 Protocolo de Internet (IP)

O **Protocolo de Internet (IP)** é o principal protocolo da camada de rede e é responsável por rotear pacotes de dados através de redes interconectadas. O IP é dividido em duas versões principais: **IPv4** e **IPv6**.

- **IPv4**: Utiliza endereços de 32 *bits* e ainda é a versão mais amplamente utilizada, embora a escassez de endereços IPv4 tenha incentivado a migração para o IPv6;

- **IPv6**: Utiliza endereços de 128 *bits*, permitindo um número significativamente maior de endereços disponíveis. Além disso, o IPv6 oferece melhorias em termos de segurança e desempenho.

2.3.3 Transmission Control Protocol (TCP)

O **Transmission Control Protocol (TCP)** é um dos protocolos mais importantes da camada de transporte, fornecendo uma comunicação confiável, orientada à conexão, entre dois dispositivos. O TCP garante que os dados sejam entregues corretamente, na ordem correta, sem duplicações e sem erros.

Exemplos de aplicações que utilizam o TCP incluem transferências de arquivos via **FTP**, envio de e-mails via **SMTP**, e acesso a sites via **HTTP**.

2.3.4 User Datagram Protocol (UDP)

O **User Datagram Protocol (UDP)** é outro protocolo da camada de transporte, mas, ao contrário do TCP, ele não oferece garantia de entrega. O UDP é conhecido por ser leve e rápido, mas sem confiabilidade. É amplamente utilizado em serviços de streaming de vídeo e áudio, onde a perda ocasional de pacotes é tolerável para manter a fluidez da transmissão.

Aplicações como **VoIP** e **jogos on-line** fazem uso intenso do UDP, em que o tempo de resposta é crítico.

2.3.5 Hypertext Transfer Protocol (HTTP/HTTPS)

O **Hypertext Transfer Protocol (HTTP)** é o protocolo usado para a transferência de páginas *web* na camada de aplicação. A versão segura, **HTTPS**, utiliza criptografia TLS (Transport Layer Security) para garantir a segurança das informações transmitidas entre cliente e servidor.

Sempre que um usuário acessa uma página *web*, o navegador envia uma solicitação **HTTP** ao servidor, que responde com o conteúdo da página. O HTTPS é essencial em transações bancárias e compras on-line, garantindo que os dados sejam criptografados durante a transmissão.

2.3.6 Domain Name System (DNS)

O **Domain Name System (DNS)** é um serviço crucial na internet, responsável por traduzir nomes de domínio legíveis por humanos (como www.exemplo.com) em endereços IP (como 192.168.1.1), que podem ser compreendidos pelos dispositivos de rede.

Sem o DNS, os usuários teriam que memorizar endereços IP numéricos para acessar *websites*, o que tornaria a navegação na internet impraticável.

2.3.7 Dynamic Host Configuration Protocol (DHCP)

O **Dynamic Host Configuration Protocol (DHCP)** é um protocolo da camada de aplicação que permite a alocação automática de endereços IP para dispositivos em uma rede. Quando um dispositivo se conecta à rede, o servidor DHCP atribui um endereço IP temporário ao dispositivo, simplificando o processo de configuração da rede.

Esse protocolo é amplamente utilizado em redes domésticas e corporativas, eliminando a necessidade de configuração manual de endereços IP em cada dispositivo.

QUESTÕES

1. O que é um protocolo de rede e qual a sua função?

2. Qual a principal diferença entre os modelos OSI e TCP/IP?

3. Quantas camadas compõem o modelo OSI e quais são elas?

4. Descreva a função da Camada Física no modelo OSI.

5. O que é endereçamento físico e em qual camada do OSI ele ocorre?

6. Explique o papel da Camada de Rede no modelo OSI.

7. Quais são os principais protocolos usados na Camada de Transporte do modelo OSI?

8. Diferencie o TCP do UDP na Camada de Transporte.

9. Por que o Modelo OSI é considerado um modelo de referência teórico?

10. O que é encapsulamento no contexto de redes?

11. Quais são as camadas do modelo TCP/IP e suas funções principais?

12. Explique a relação entre a camada de aplicação do modelo OSI e a do modelo TCP/IP.

13. O que é o protocolo IP e à qual camada ele pertence?

14. Qual a diferença entre IPv4 e IPv6?

15. O que é uma porta lógica na Camada de Transporte e para que serve?

16. Quais protocolos são utilizados para navegação na *web* e em qual camada eles operam?

17. O que é uma mensagem ICMP e qual o seu propósito?

18. Qual é a função do DNS e em qual camada ele opera?

19. Explique o funcionamento básico do protocolo DHCP.

20. Cite duas aplicações práticas do protocolo HTTPS.

Capítulo 3:

EQUIPAMENTOS DE REDE

Redes de computadores são compostas por uma série de dispositivos que desempenham funções críticas para garantir a comunicação eficiente e segura entre sistemas. Esses equipamentos variam em termos de complexidade, desde os simples *hubs* até os sofisticados roteadores e *firewalls*, cada um com sua função específica dentro da rede. O conhecimento sobre como cada dispositivo opera e como eles se interconectam é fundamental para o projeto, a implementação e a manutenção de redes de alta performance.

3.1 ROTEADORES

Um **roteador** é um dispositivo de rede responsável por encaminhar pacotes de dados entre diferentes redes. Ele opera principalmente na **Camada de Rede** do modelo OSI, realizando a função de roteamento, escolha do melhor caminho para que os pacotes de dados cheguem ao seu destino. Roteadores conectam redes locais (LANs) a redes maiores, como a internet, e podem conectar várias redes entre si.

Figura 3.1 – Roteador

Fonte: Esta imagem está licenciada sob Creative Commons (CC BY).

De acordo com Tanenbaum (2011), “os roteadores são a espinha dorsal da Internet, lidando com o encaminhamento de pacotes de dados entre redes interconectadas”. O funcionamento de um roteador envolve a utilização de tabelas de roteamento, que armazenam informações sobre as rotas disponíveis para os pacotes de dados, e algoritmos de roteamento, que determinam o caminho ideal baseado em métricas como custo, largura de banda, e número de saltos.

Os principais tipos de roteadores incluem:

- **Roteadores de borda**: Conectam redes internas a redes externas, como a internet;
- **Roteadores internos**: Operam dentro de uma rede corporativa, distribuindo o tráfego entre sub-redes;
- **Roteadores sem fio**: Integram funcionalidades de roteamento com uma interface Wi-Fi, permitindo que dispositivos sem fio se conectem à rede.

Funcionalidades dos roteadores:

- **Encaminhamento de pacotes**: Baseado nos endereços IP de origem e destino;
- **Filtragem de pacotes**: Pode realizar a filtragem de pacotes com base em políticas de segurança;
- **NAT (Network Address Translation)**: Permite que múltiplos dispositivos de uma rede local compartilhem um único endereço IP público;
- **QoS (Qualidade de Serviço)**: Permite priorizar o tráfego de dados mais sensível a latência, como chamadas de voz e videoconferências.

Algoritmos de Roteamento:

- **RIP (Routing Information Protocol)**: Um dos protocolos mais antigos, usa a contagem de saltos para determinar a melhor rota;
- **OSPF (Open Shortest Path First)**: Um protocolo de roteamento de estado de enlace, que usa o algoritmo de Dijkstra para calcular o caminho mais curto;
- **BGP (Border Gateway Protocol)**: Utilizado para roteamento entre redes na internet, especialmente em roteadores de borda.

Exemplos de Uso:

Em uma organização que possui filiais em diferentes cidades, os roteadores garantem que a comunicação entre as redes internas de cada filial e a matriz seja feita de forma eficiente e segura, utilizando o protocolo OSPF para determinar a rota ideal para os pacotes de dados.

Problemas comuns:

- **Conflitos de rotas**: Quando dois ou mais roteadores tentam atribuir diferentes caminhos para o mesmo destino;

- **Sobrecarga de CPU**: Roteadores que precisam processar grandes volumes de pacotes podem sofrer com sobrecarga, resultando em desempenho reduzido.

Configuração e Gerenciamento:

Roteadores podem ser configurados via interfaces de linha de comando (CLI) ou interfaces gráficas de usuário (GUI). O gerenciamento pode ser feito localmente ou remotamente, utilizando protocolos como **SSH** para acesso seguro. Além disso, o uso de *software* de gerenciamento de redes permite monitorar o desempenho e a saúde dos roteadores em tempo real.

3.2 *SWITCHES*

Um *switch* é um dispositivo de rede que opera na **Camada de Enlace de Dados** (Camada 2) do modelo OSI. Sua função é conectar dispositivos dentro de uma rede local (LAN) e encaminhar pacotes de dados entre esses dispositivos com base nos endereços MAC. *Switches* são essenciais em redes modernas, pois oferecem maior eficiência e segurança em comparação aos antigos *hubs*, que transmitiam os dados para todos os dispositivos conectados.

Figura 3.2 – *Switch*

Fonte: Esta imagem está licenciada sob Creative Commons (CC BY).

Segundo Kurose e Ross (2013), "os *switches* realizam uma comutação inteligente, permitindo que os dados trafeguem diretamente entre o dispositivo de origem e o dispositivo de destino, sem que outros dispositivos na rede sejam afetados".

Tipos de *switches*:

- ***Switches* não gerenciáveis**: São simples e não oferecem opções de configuração ou monitoramento. São usados principalmente em pequenas redes;
- ***Switches* gerenciáveis**: Oferecem maior controle, permitindo configurações avançadas, como VLANs (redes locais virtuais), monitoramento de tráfego e QoS;
- ***Switches* de camada 3 (*Layer 3 switches*)**: Integram funcionalidades de roteamento, permitindo que os *switches* também tomem decisões baseadas nos endereços IP, e não apenas nos endereços MAC.

Funcionalidades dos *switches*:

- **Comutação por *hardware***: A maioria dos *switches* utiliza circuitos ASIC (Application-Specific Integrated Circuit) para comutar os pacotes de dados em alta velocidade;
- **VLANs (Virtual Local Area Networks)**: Permitem segmentar uma rede física em várias redes lógicas, melhorando a segurança e o desempenho;
- **Link Aggregation**: Combina múltiplos links físicos em um único link lógico para aumentar a largura de banda;
- **Port Mirroring**: Copia o tráfego de uma porta para outra para fins de monitoramento e análise.

Exemplo de Uso:

Em um ambiente corporativo, em que vários departamentos compartilham a mesma rede física, um *switch* gerenciável pode ser configurado para criar diferentes VLANs para cada departamento. Isso permite que o tráfego de dados seja isolado, garantindo segurança e melhor desempenho.

Problemas comuns:

- **Broadcast Storms**: Quando muitos pacotes de *broadcast* inundam a rede, sobrecarregando o *switch*;
- **Loops de rede**: Podem ocorrer em redes com múltiplos *switches* conectados de maneira redundante. O protocolo **Spanning Tree Protocol (STP)** ajuda a evitar esses *loops*.

Configuração e Gerenciamento:

Switches gerenciáveis permitem a configuração por meio de interfaces de linha de comando (CLI) ou *web-based* GUIs, possibilitando a criação de VLANs, configuração de segurança e priorização de tráfego (QoS). Ferramentas de gerenciamento de rede, como **SNMP (Simple Network Management Protocol)**, são frequentemente usadas para monitorar e gerenciar *switches* em redes maiores.

3.3 HUBS

Um *hub* é um dispositivo simples de rede que opera na **Camada Física** do modelo OSI. A sua função é conectar múltiplos dispositivos dentro de uma rede e retransmitir os dados recebidos para todos os dispositivos conectados a ele, sem qualquer tipo de filtragem ou comutação inteligente.

Figura 3.3 – *HUB*

Fonte: Esta imagem está licenciada sob Creative Commons (CC BY).

Segundo Forouzan (2013), “os *hubs* são dispositivos antigos e ineficientes, pois aumentam o tráfego na rede desnecessariamente, retransmitindo todos os pacotes para todos os dispositivos conectados, o que leva a problemas de colisão de dados”.

Tipos de *hubs*:

- ***Hub* ativo**: Amplifica os sinais antes de transmiti-los, permitindo que os dados sejam enviados a distâncias maiores;
- ***Hub* passivo**: Não amplifica os sinais, apenas retransmite os dados tal como os recebeu;
- ***Hub* inteligente**: Pode incluir algumas funcionalidades de gerenciamento, como diagnóstico de problemas de conexão.

Funcionalidades dos *hubs*:

- **Conexão física de dispositivos**: O *hub* serve como um ponto de conexão física para vários dispositivos em uma rede;
- **Repetição de sinais**: Amplifica e retransmite os sinais recebidos, sem qualquer tipo de filtragem ou inteligência.

Exemplo de Uso:

Os *hubs* eram amplamente utilizados em redes locais na década de 1990, antes da popularização dos *switches*. Hoje, são raramente usados devido à sua ineficiência e suscetibilidade a colisões de dados.

Problemas comuns:

- **Colisões de dados**: Como todos os dispositivos recebem todos os pacotes, há uma alta chance de colisão de pacotes, o que degrada o desempenho da rede;
- **Baixa segurança**: Qualquer dispositivo na rede pode capturar todos os dados transmitidos pelo *hub*.

3.4 PONTOS DE ACESSO

Um **ponto de acesso (Access Point – AP)** é um dispositivo de rede que permite a conexão de dispositivos sem fio (Wi-Fi) a uma rede local cabeada. Ele opera como uma ponte entre a rede sem fio e a rede cabeada, proporcionando mobilidade aos usuários e dispositivos dentro da área de cobertura do Wi-Fi.

Figura 3.4 – Access Point – AP

Fonte: Esta imagem está licenciada sob Creative Commons (CC BY-NC-ND).

Segundo Stallings (2014), "os pontos de acesso são essenciais em redes sem fio, pois permitem que dispositivos móveis, como laptops e smartphones, se conectem à rede sem a necessidade de cabos".

Tipos de pontos de acesso:

- **Ponto de Acesso Autônomo**: Funciona de maneira independente, conectando dispositivos sem fio a uma rede local;
- **Ponto de Acesso Gerenciado**: Controlado centralmente por um controlador de rede sem fio, permitindo a configuração e o gerenciamento de múltiplos pontos de acesso simultaneamente;
- **Ponto de Acesso *Mesh***: Pode se conectar a outros pontos de acesso sem fio, estendendo a cobertura da rede sem a necessidade de cabeamento adicional.

Funcionalidades dos pontos de acesso:

- ***Bridging***: Conecta a rede sem fio à rede cabeada;
- **Segurança**: Oferece mecanismos de autenticação e criptografia, como WPA2, para garantir que apenas usuários autorizados possam acessar a rede;
- ***Roaming***: Permite que os usuários se movam de um ponto de acesso para outro sem perder a conexão de rede.

Exemplo de Uso:

Em uma universidade com vários edifícios, múltiplos pontos de acesso podem ser instalados para fornecer conectividade Wi-Fi contínua aos alunos e professores. Por meio de controladores de rede sem fio, todos os pontos de acesso podem ser configurados e gerenciados centralmente.

Problemas comuns:

- **Interferência de sinal**: O uso de frequências sem fio compartilhadas pode causar interferência, especialmente em áreas densamente povoadas;
- **Saturação de usuários**: Um único ponto de acesso pode ter sua capacidade esgotada se muitos usuários se conectarem simultaneamente.

Configuração e Gerenciamento:

Pontos de acesso podem ser configurados para definir os parâmetros de segurança, como senhas de rede e métodos de criptografia (WEP, WPA, WPA2). Em grandes redes corporativas, o uso de **controladores de pontos de acesso** permite que vários APs sejam gerenciados de forma centralizada.

3.5 FIREWALLS

Um *firewall* é um dispositivo ou *software* de segurança que monitora e controla o tráfego de rede baseado em políticas de segurança predefinidas. Ele funciona como uma barreira entre uma rede interna confiável e uma rede externa não confiável (geralmente a Internet), filtrando o tráfego que entra e sai da rede. *Firewalls* podem ser implementados como *hardware* dedicado ou como *software* em servidores e roteadores.

Figura 3.5 – Modelo lógico de *Firewall*

Fonte: Esta imagem está licenciada sob Creative Commons (CC BY-SA).

Segundo Stallings (2014), "os *firewalls* são a primeira linha de defesa contra-ataques cibernéticos, impedindo que tráfego malicioso ou não autorizado entre ou saia da rede".

Tipos de *Firewalls*:

- ***Firewalls* baseados em rede**: Implementados em roteadores ou servidores, filtram o tráfego entre diferentes redes.

Figura 3.6 – *Firewall* baseado em rede

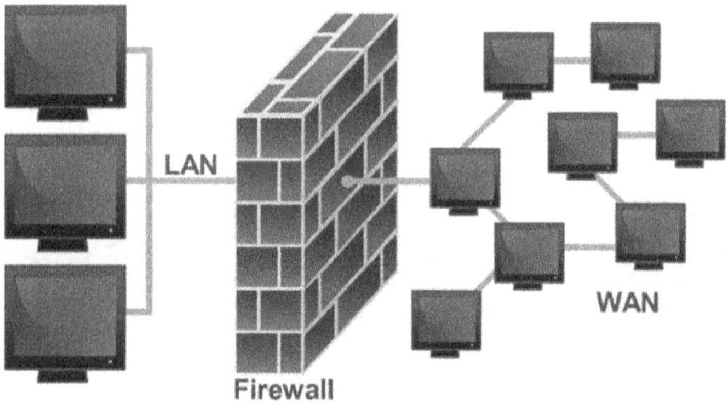

Fonte: Esta imagem está licenciada sob Creative Commons (CC BY-SA).

- ***Firewalls* baseados em *host***: Instalados em servidores ou computadores individuais, protegem um único dispositivo contra tráfego malicioso.

Figura 3.7 – Modelo de *Firewall* baseado em *host*

Fonte: Esta imagem está licenciada sob Creative Commons (CC BY-SA).

- ***Firewalls* de próxima geração (NGFW)**: Além da filtragem de pacotes, esses *firewalls* oferecem funcionalidades avançadas, como inspeção profunda de pacotes (DPI), prevenção de intrusões e proteção contra *malware*.

Figura 3.8 – Firewall NGFW

Fonte: Esta imagem está licenciada sob Creative Commons (CC BY-SA-NC).

Funcionalidades dos *Firewalls*:

- **Filtragem de pacotes**: Bloqueia ou permite pacotes de dados com base em regras de IP, porta e protocolo;
- **Inspeção de estado**: Monitora o estado das conexões de rede, permitindo que apenas pacotes relacionados a uma conexão estabelecida entrem na rede;
- **Controle de Aplicações**: Pode bloquear ou permitir tráfego baseado no tipo de aplicação, como bloquear redes sociais ou mensageiros instantâneos;
- **VPN (Virtual Private Network)**: *Firewalls* de última geração, que muitas vezes incluem suporte para conexões VPN seguras entre redes privadas e usuários remotos.

Exemplo de Uso:

Em uma organização financeira, um *firewall* pode ser configurado para bloquear todo o tráfego de entrada, exceto o tráfego HTTP e HTTPS para um servidor *web* público. Além disso, regras de inspeção de estado garantem que apenas conexões seguras e confiáveis sejam permitidas.

Problemas Comuns:

- **Falsos Positivos**: Um *firewall* pode bloquear tráfego legítimo por erro, resultando em perda de conectividade.
- **Atualizações Frequentes**: *Firewalls* precisam ser constantemente atualizados para lidar com novas ameaças e vulnerabilidades.

Configuração e Gerenciamento:

A configuração de *firewalls* envolve a definição de políticas de segurança detalhadas, que definem quais tipos de tráfego são permitidos ou bloqueados. *Firewalls* de próxima geração permitem configuração baseada em identidades de usuários e tipos de aplicações, tornando o controle mais granular.

3.6 *GATEWAYS*

Um ***gateway*** é um dispositivo que serve como ponto de entrada e saída para uma rede, conectando duas redes com diferentes arquiteturas ou protocolos. Ele opera em todas as camadas do modelo OSI, atuando como intermediário e tradutor entre redes que não utilizam os mesmos protocolos de comunicação.

Figura 3.9 – *Gateway*

Fonte: Esta imagem está licenciada sob Creative Commons (CC BY-SA).

Segundo Tanenbaum (2011), "os *gateways* são dispositivos críticos quando se trata de interconectar redes heterogêneas, pois podem realizar conversões de protocolos, permitindo que diferentes sistemas se comuniquem».

Tipos de *Gateways*:

- ***Gateways* de Protocolo**: Traduzem os protocolos usados por uma rede em outro protocolo compreensível pela rede de destino;
- ***Gateways* de Aplicação**: Conectam diferentes tipos de sistemas de aplicação, como um *gateway* de correio que permite que sistemas de e-mail incompatíveis troquem mensagens;
- ***Gateways* de Segurança**: Incluem funcionalidades de *firewall* e VPN, garantindo que a comunicação entre redes seja segura.

Funcionalidades dos *Gateways*:

- **Conversão de protocolos**: Converte os pacotes de dados para serem compatíveis com a rede de destino;
- **Controle de acesso**: Pode atuar como um ponto de controle de segurança entre redes, bloqueando ou permitindo tráfego com base em regras;
- **VPN**: *Gateways* modernos geralmente suportam VPNs, facilitando a conexão segura de redes privadas através da internet.

Exemplo de Uso:

Uma empresa que utiliza um sistema de e-mail interno baseado em um protocolo proprietário pode usar um *gateway* de e-mail para permitir a troca de mensagens com servidores de e-mail externos, como o Gmail, que utilizam protocolos-padrão, como SMTP.

Problemas Comuns:

- **Latência**: *Gateways* podem introduzir latência devido à necessidade de realizar conversões de protocolo em tempo real;
- **Compatibilidade**: Algumas vezes, a conversão entre diferentes protocolos pode não ser perfeita, resultando em perda de funcionalidades.

Configuração e Gerenciamento:

Gateways são configurados para realizar a tradução entre diferentes protocolos de rede e podem ser gerenciados para garantir que apenas tráfego autorizado seja permitido entre as redes. Em muitos casos, *gateways* incluem funcionalidades de *firewall* e VPN, exigindo gerenciamento contínuo para garantir a segurança.

Considerações Finais

Os **equipamentos de rede** são componentes essenciais para a operação eficiente, segura e organizada de redes de computadores. Desde a função crítica dos **roteadores** em conectar diferentes redes e realizar o roteamento de pacotes, passando pelos *switches* que garantem a comutação de dados em redes locais, até os *firewalls* que protegem a rede contra ameaças externas, cada dispositivo desempenha um papel vital no ecossistema das redes. O conhecimento sobre o funcionamento desses equipamentos, a sua configuração e o seu gerenciamento adequado é essencial para qualquer profissional de redes.

QUESTÕES

1. O que é um roteador e qual sua função principal em uma rede?

2. Explique a diferença entre um *switch* e um *hub*.

3. Quais são os principais tipos de *switches* utilizados em redes?

4. Por que os *hubs* foram substituídos pelos *switches*?

5. O que é um *firewall* e como ele protege uma rede?

6. Qual a função de um ponto de acesso (Access Point) em uma rede sem fio?

7. O que é NAT e em qual equipamento de rede ele geralmente é implementado?

8. Explique o conceito de VLAN e a sua aplicação prática.

9. Quais são os principais tipos de roteadores e as suas funções?

10. Como um *switch Layer* 3 difere de um *switch* convencional?

11. O que é o Spanning Tree Protocol (STP) e por que é importante em *switches*?

12. Descreva o funcionamento básico de um *gateway* em uma rede.

13. O que diferencia um *firewall* baseado em rede de um *firewall* baseado em *host*?

14. Quais dispositivos podem ser usados para implementar segurança em uma rede?

15. Cite duas funcionalidades avançadas de *switches* gerenciáveis.

16. Por que as empresas utilizam roteadores de borda?

17. Quais problemas podem ser causados por um *broadcast storm* em redes com *hubs*?

18. Como os pontos de acesso *mesh* são utilizados para ampliar a cobertura de redes Wi-Fi?

19. Explique como um IDS complementa um *firewall* na segurança de rede.

20. Por que a segmentação de rede com VLANs melhora a segurança e o desempenho?

Capítulo 4:

ENDEREÇAMENTO E SUB-REDES

O endereçamento IP é um dos componentes fundamentais para o funcionamento das redes de computadores, pois é por meio dele que os dispositivos conseguem se localizar e comunicar em uma rede, seja ela local (LAN) ou global (Internet). Este capítulo se concentra no conceito de endereçamento IP, explicando as suas diferentes versões (IPv4 e IPv6), as classes de endereços e, em seguida, discutiremos o processo de criação de sub-redes, conhecido como *subnetting*.

4.1 ENDEREÇAMENTO IPV4

O **IPv4 (Internet Protocol version 4)** é a quarta versão do protocolo IP e foi implementado no início da internet. Ele utiliza endereços de 32 *bits*, permitindo um total de aproximadamente 4,3 bilhões de endereços IP diferentes. No entanto, devido ao crescimento explosivo da internet e ao número crescente de dispositivos conectados, a escassez de endereços IPv4 é um problema recorrente.

4.1.1 Estrutura do Endereço IPv4

Os endereços IPv4 são representados no formato decimal, divididos em quatro octetos (grupos de oito *bits*), separados por pontos. Cada octeto pode ter um valor entre 0 e 255, pois cada um representa oito *bits*, e 2^8 resulta em 256 combinações possíveis, incluindo o zero. Um exemplo de endereço IPv4 seria:

192.168.1.1

Esse formato é chamado de **notação decimal pontuada**. Cada parte do endereço IP tem um significado especial dependendo de sua classe e da máscara de sub-rede utilizada. O endereço IP é dividido em duas partes: o **endereço da rede** e o **endereço do *host***.

- **Endereço da rede**: Identifica a rede em que o dispositivo está localizado.
- **Endereço do *host***: Identifica o dispositivo dentro dessa rede.

4.1.2 Classes de Endereços IPv4

Os endereços IPv4 são agrupados em cinco classes (A, B, C, D, E), que são utilizadas para diferentes finalidades. As três primeiras classes (A, B e C) são utilizadas para redes comuns, enquanto as classes D e E são reservadas para aplicações específicas.

- **Classe A**: Utiliza o primeiro octeto para identificar a rede, e os três octetos restantes para os *hosts*. Ela é usada em redes muito grandes, com até 16 milhões de endereços disponíveis para *hosts*.
  Intervalo: 0.0.0.0 a 127.255.255.255
  Exemplo: 10.0.0.1
- **Classe B**: Utiliza os dois primeiros octetos para identificar a rede e os dois últimos octetos para os *hosts*. Geralmente usada para redes de tamanho médio.
  Intervalo: 128.0.0.0 a 191.255.255.255
  Exemplo: 172.16.0.1

- **Classe C**: Utiliza os três primeiros octetos para identificar a rede e o último octeto para os *hosts*. Essa classe é destinada a redes pequenas.
  Intervalo: 192.0.0.0 a 223.255.255.255
  Exemplo: 192.168.0.1
- **Classe D**: Reservada para *multicast*, ou seja, transmissão de dados para múltiplos destinatários simultaneamente.
  Intervalo: 224.0.0.0 a 239.255.255.255
- **Classe E**: Reservada para uso futuro e pesquisa.
  Intervalo: 240.0.0.0 a 255.255.255.255

4.1.3 Máscara de Sub-Rede em IPv4

A **máscara de sub-rede** é usada para distinguir a parte do endereço IP que corresponde à rede e à parte que corresponde ao *host*. Uma máscara de sub-rede é uma sequência de 32 *bits*, em que os *bits* que correspondem à rede são definidos como "1" e os *bits* que correspondem aos *hosts* são definidos como "0".

Por exemplo, uma máscara de sub-rede típica para uma rede Classe C seria:

255.255.255.0

Isso significa que os três primeiros octetos são utilizados para a identificação da rede, e o último octeto é utilizado para identificar os dispositivos dentro da rede. No caso do endereço IP **192.168.1.1** com a máscara **255.255.255.0**, a parte da rede seria **192.168.1**, e o *host* seria **1**.

4.1.4 CIDR (Classless Inter-Domain Routing)

O **CIDR (Classless Inter-Domain Routing)** foi introduzido como uma maneira de substituir o sistema tradicional de classes de endereçamento IP, fornecendo uma maior flexibilidade na alocação de endereços IP. O CIDR usa um formato denominado **prefixo CIDR**, no qual um sufixo é adicionado ao endereço IP para indicar quantos *bits* da máscara de sub-rede são usados para a parte da rede.

Por exemplo:

192.168.1.0/24

Isso significa que os primeiros 24 *bits* do endereço IP são usados para identificar a rede, o que equivale à máscara de sub-rede **255.255.255.0**.

4.2 *SUBNETTING* EM IPV4

O processo de ***subnetting*** é a divisão de uma rede maior em várias redes menores, chamadas de **sub-redes**. Isso permite uma gestão mais eficiente de endereços IP, uma melhor organização da rede e a aplicação de diferentes políticas de segurança e roteamento em cada sub-rede.

4.2.1 Por que realizar *subnetting*?

Subnetting é utilizado principalmente por dois motivos:

1. **Gerenciamento eficiente de endereços IP**: Ao dividir uma rede em sub-redes, é possível alocar endereços de forma mais eficiente, evitando desperdício de endereços;
2. **Segmentação de rede**: Em redes corporativas, *subnetting* facilita a segmentação da rede, permitindo a criação de diferentes domínios de *broadcast*, o que reduz o tráfego desnecessário e melhora o desempenho da rede.

4.2.2 Exemplo de *Subnetting*

Vamos supor que uma empresa receba o bloco de endereços **192.168.1.0/24**. Isso fornece 256 endereços IP (192.168.1.0 a 192.168.1.255), mas a empresa deseja dividir essa rede em quatro sub-redes menores.

Ao realizar o *subnetting*, podemos usar uma máscara de sub--rede de **255.255.255.192** (ou /26), que permite dividir a rede original em quatro sub-redes, cada uma com 64 endereços IP.

- Sub-rede 1: 192.168.1.0/26 (intervalo: 192.168.1.0 - 192.168.1.63)
- Sub-rede 2: 192.168.1.64/26 (intervalo: 192.168.1.64 - 192.168.1.127)
- Sub-rede 3: 192.168.1.128/26 (intervalo: 192.168.1.128 - 192.168.1.191)
- Sub-rede 4: 192.168.1.192/26 (intervalo: 192.168.1.192 - 192.168.1.255)

Isso cria quatro sub-redes independentes, cada uma com o seu próprio intervalo de endereços IP, que podem ser usadas para diferentes departamentos ou áreas dentro da empresa.

4.2.3 Cálculo de *Subnetting*

O processo de ***subnetting*** é realizado em alguns passos organizados. A seguir, explicaremos cada um deles com exemplos práticos:

1. Determinar o número de sub-redes necessárias

O número de sub-redes desejadas define o número de *bits* adicionais que serão necessários para o ***subnetting***.

Exemplo:

Se você precisa dividir uma rede em quatro sub-redes, será necessário encontrar o número de *bits* suficientes para representar essas sub-redes. Cada sub-rede é identificada por um endereço único.

2. Calcular o número de *bits* adicionais necessários para o *subnetting*

O número de *bits* adicionais (emprestados da parte de *host*) pode ser calculado usando a fórmula: 2^n ≥ Número de Sub-redes necessárias

Exemplo: Para criar 4 sub-redes:

- Use a fórmula 2^n, em que n é o número de *bits* a serem emprestados.
- 2^2 = 4, ou seja, 2 *bits* emprestados são suficientes para criar 4 sub-redes.

3. Determinar a nova máscara de sub-rede

A máscara de sub-rede define quais *bits* de um endereço IP pertencem à **rede** e quais pertencem aos ***hosts***. Quando realizamos o ***subnetting***, emprestamos *bits* da parte de *host* para criar sub-redes, o que ajusta a máscara de sub-rede.

Entendendo a Máscara de Sub-rede

A máscara de sub-rede é composta por **32 *bits***, que podem ser representados em notação decimal (como 255.255.255.0) ou como o número de *bits* da parte de rede (notação CIDR, como /24).

- Na notação binária, cada octeto (parte separada por pontos) tem **8 *bits***.

Exemplo:

- A máscara **255.255.255.0** é representada em binário como: 11111111.11111111.11111111.00000000;
- Aqui, os primeiros **24 *bits*** são **1** (indicando a rede), e os últimos **8 *bits*** são **0** (indicando os *hosts*);
- Por isso, essa máscara é chamada de **/24**.

Adicionando *Bits* para o *Subnetting*

Ao emprestar *bits* para *subnetting*, estamos mudando os **0s** da parte de *host* para **1s**, estendendo a parte da rede. Isso altera a máscara de sub-rede.

Fórmula para encontrar a nova máscara:

Nova Máscara (CIDR) =
Máscara Original + *Bits* Emprestados

Exemplo:

1. Se a máscara original é **/24** (255.255.255.0) e você empresta **2 *bits***, a nova máscara será:

   Nova Máscara (CIDR) = 24 + 2 = /26

2. Convertendo para a máscara decimal, temos:

   - **/26** equivale a **255.255.255.192**.

Exemplo Detalhado

1. Máscara Original:

- **255.255.255.0** = **/24**
- Representação binária:
- 11111111.11111111.11111111.00000000

2. **Emprestando *Bits***:

- Você decide emprestar **2 *bits*** da parte de *host* para criar sub-redes adicionais.

3. **Nova Máscara Binária**:

- Os **2 *bits* emprestados** mudam os primeiros **2 zeros** da parte de *host* para **1s**:
- 11111111.11111111.11111111.11000000

4. **Convertendo de Binário para Decimal**:

- Para transformar cada octeto em decimal:
  - O último octeto **11000000** em binário equivale a **192** em decimal.

- Nova máscara de sub-rede: **255.255.255.192**

5. **Nova Notação CIDR**:

- A nova máscara terá **26 *bits*** na parte de rede: **/26 (ou 255.255.255.192)**.

O quadro abaixo ilustra a modificação nos *bits* de cada octeto:

Quadro 4.1 – Resumo da Máscara

Octeto	Binário Original	Binário Alterado	Decimal
Primeiro	11111111	11111111	255
Segundo	11111111	11111111	255
Terceiro	11111111	11111111	255
Quarto (*Host*)	00000000	11000000	192

Fonte: Elaborado pelo autor, 2025.

Resumo

- **Máscara Original**: 255.255.255.0 (/24)
- ***Bits* Emprestados**: 2
- **Nova Máscara**: 255.255.255.192 (/26)

Essa explicação, acompanhada pela tabela, facilita o entendimento do processo de cálculo para aqueles que não estão familiarizados com a base 2.

4. Dividir o bloco original de endereços IP em sub-redes

Com a nova máscara de sub-rede, o bloco original de endereços IP é dividido em sub-redes menores. Cada sub-rede terá o seu intervalo de endereços.

- **Exemplo**:
  - Rede original: **192.168.1.0/24**
  - Nova máscara: **/26** (255.255.255.192)
  - Número de endereços por sub-rede: 2^(32 - 26) = 64 endereços por sub-rede.
  - Sub-redes criadas:

    192.168.1.0 – 192.168.1.63 (sub-rede 1)

    192.168.1.64 – 192.168.1.127 (sub-rede 2)

    192.168.1.128 – 192.168.1.191 (sub-rede 3)

    192.168.1.192 – 192.168.1.255 (sub-rede 4)

Nota: Cada sub-rede reserva o primeiro endereço para o **endereço de rede** e o último para o ***broadcast***, o que reduz o número de endereços utilizáveis.

Resumo

1. Calcule o número de *bits* emprestados com base no número de sub-redes necessárias;
2. Ajuste a máscara de sub-rede para refletir os *bits* emprestados;
3. Divida o bloco de IP original em intervalos menores, assegurando que cada sub-rede atenda ao número de endereços necessários.

Essa explicação passo a passo com exemplos práticos deve facilitar o entendimento e a aplicação do cálculo de ***subnetting***.

4.2.4 Benefícios e Desafios do *Subnetting*

Os principais benefícios do *subnetting* incluem:

- **Redução de domínios de *broadcast***: Ao dividir a rede em sub-redes, reduz-se o tamanho dos domínios de *broadcast*, o que melhora o desempenho da rede;

- **Segurança aprimorada**: *Subnetting* permite a aplicação de diferentes políticas de segurança em cada sub-rede;
- **Gerenciamento de tráfego**: Facilita o gerenciamento de tráfego, uma vez que o roteamento entre sub-redes é controlado.

Os desafios incluem:

- **Complexidade**: A criação e o gerenciamento de sub-redes podem ser complexos em redes grandes;
- **Possíveis conflitos de IP**: Se o *subnetting* não for bem planejado, pode ocorrer sobreposição de endereços IP entre sub-redes.

4.3 ENDEREÇAMENTO IPV6

Devido à crescente escassez de endereços IPv4, o **IPv6** (Internet Protocol version 6) foi introduzido como substituto. O IPv6 utiliza endereços de **128 *bits***, o que resulta em um espaço de endereçamento significativamente maior, permitindo a conexão de trilhões de dispositivos à internet. Para comparação:

- O IPv4 suporta aproximadamente **4,3 bilhões** de endereços únicos (2^{32}).
- O IPv6 suporta cerca de **340 undecilhões** de endereços únicos (2^{128}).

Esse aumento drástico no espaço de endereçamento atende às demandas de conectividade em um mundo com cada vez mais dispositivos conectados, como smartphones, dispositivos IoT e redes de *data centers*.

4.3.1 Estrutura do Endereço IPv6

Os endereços IPv6 são compostos por **128 *bits***, que são representados em **oito grupos de quatro dígitos hexadecimais** separados por dois pontos (:). Cada grupo hexadecimal equivale a **16 *bits***.

Exemplo de endereço IPv6:

2001:0db8:85a3:0000:0000:8a2e:0370:7334

Equivalente Binário

Cada grupo hexadecimal pode ser expandido em sua forma binária para exibir os **128 *bits*** completos. Por exemplo:

- Endereço IPv6: 2001:0db8:85a3:0000:0000:8a2e:0370:7334
- Representação Binária:

  0010 0000 0000 0001 : 0000 1101 1011 1000 : 1000 0101 1010 0011 : 0000 0000 0000 0000 : 0000 0000 0000 0000 : 1000 1010 0010 1110 : 0000 0011 0111 0000 : 0111 0011 0011 0100

Essa representação binária reforça como os **128 *bits*** estão organizados.

Partes do Endereço IPv6

Assim como no IPv4, os endereços IPv6 são divididos em duas partes principais:

1. **Identificador de Rede**:

- Geralmente, os primeiros **64 *bits*** do endereço. Representa a rede à qual o dispositivo está conectado.
- No exemplo: 2001:0db8:85a3:0000::

2. **Identificador de *Host***:

- Geralmente, os últimos **64 *bits*** do endereço. Representa o dispositivo dentro daquela rede.
- No exemplo: 0000:8a2e:0370:7334

Diferenças e Vantagens do IPv6 em Relação ao IPv4

1. **Espaço de Endereçamento Enorme**:

- Enquanto o IPv4 usa 32 *bits*, o IPv6 usa 128 *bits*, permitindo uma quantidade incomparavelmente maior de endereços.

2. **Notação Flexível**:

- É possível simplificar endereços IPv6 omitindo zeros iniciais ou blocos inteiros de zeros consecutivos.
- **Exemplo**:

Endereço completo: 2001:0db8:0000:0000:0000:ff00:0042:8329

Forma simplificada: 2001:db8::ff00:42:8329

3. **Autoconfiguração**:

- O IPv6 permite autoconfiguração sem a necessidade de DHCP, o que facilita sua implementação em redes grandes.

4. **Segmentação Eficiente**:

- A alocação de endereços IPv6 permite maior flexibilidade e eficiência no design de redes.

Conclusão

O IPv6 foi projetado para resolver as limitações do IPv4, oferecendo um espaço de endereçamento vasto e suporte a novos recursos, como autoconfiguração, maior segurança nativa (IPSec) e melhor suporte a dispositivos IoT. Sua estrutura em **128 *bits*** e notação hexadecimal o tornam ideal para atender às necessidades da internet moderna e futuras.

4.3.2 Tipos de Endereços IPv6

No IPv6, existem três tipos principais de endereços, cada um com propósitos distintos:

1. UNICAST

Um endereço **Unicast** identifica um único dispositivo na rede. Ele é usado para comunicação entre um remetente e um destinatário específico, semelhante ao conceito de endereços IPv4.

- **Exemplo**: Endereço IPv6 do dispositivo:
- 2001:db8:85a3::8a2e:370:7334
  Nesse caso, qualquer pacote enviado para este endereço será entregue exclusivamente ao dispositivo identificado por ele.
- **Aplicação**:

Comunicação direta entre dois dispositivos, como entre um computador e um servidor *web*.

2. MULTICAST

Um endereço **Multicast** é usado para enviar pacotes simultaneamente para vários dispositivos dentro de um grupo. Ele substitui os endereços de broadcast do IPv4, oferecendo maior eficiência e controle.

- **Exemplo**:

Endereço multicast: ff02::1

Este endereço representa **todos os dispositivos** dentro da mesma rede local.

Endereço multicast específico: ff02::2

Este endereço representa **todos os roteadores** em uma rede local.

- **Aplicação**:

Envio de atualizações de roteamento para um grupo de roteadores ou transmissão de dados de streaming de vídeo para vários dispositivos ao mesmo tempo.

3. ANYCAST

Um endereço **Anycast** permite que um pacote seja enviado para o dispositivo mais próximo (em termos de roteamento) entre vários dispositivos que compartilham o mesmo endereço. É usado para otimizar a entrega de dados em redes distribuídas.

- **Exemplo**:

Endereço anycast: 2001:db8:abcd::1

Vários servidores DNS em diferentes locais podem ser configurados com este endereço. Quando um cliente tenta acessar o DNS, o pacote será encaminhado para o servidor mais próximo.

- **Aplicação**:

Sistemas de balanceamento de carga em redes distribuídas. Por exemplo, servidores DNS ou redes de entrega de conteúdo (CDNs) podem usar anycast para garantir que os usuários acessem o servidor mais próximo e, portanto, mais rápido.

Quadro 4.2 – Resumo Comparativo

Tipo de Endereço	Função	Exemplo
Unicast	Comunicação de um único remetente para um único destinatário.	2001:db8:85a3::8a2e:370:7334
Multicast	Comunicação de um único remetente para vários destinatários dentro de um grupo.	ff02::1 (todos os dispositivos)
Anycast	Comunicação de um remetente para o destinatário mais próximo (entre múltiplos disponíveis).	2001:db8:abcd::1

Fonte: Elaborado pelo autor, 2025.

Conclusão

Os endereços IPv6 oferecem maior flexibilidade e eficiência em comparação com o IPv4. Com os endereços **Unicast**, **Multicast** e **Anycast**, o IPv6 atende a diferentes cenários de comunicação, otimizando redes modernas para melhor desempenho e escalabilidade.

4.3.3 *Subnetting* em IPv6

No IPv6, o processo de *subnetting* é muito mais simplificado devido ao grande número de endereços disponíveis. Em vez de focar na criação de pequenas sub-redes para economizar endereços, o *subnetting* no IPv6 é usado principalmente para organizar a rede de forma eficiente.

Os endereços IPv6 geralmente utilizam um prefixo /64, o que significa que os primeiros 64 *bits* são reservados para o endereço da rede, e os últimos 64 *bits* são usados para os *hosts* dentro dessa rede.

4.4 CÁLCULOS DE SUB-REDES EM IPV6

O cálculo de sub-redes no IPv6 segue conceitos semelhantes ao do IPv4, mas com diferenças importantes devido à enorme quantidade de endereços disponíveis. No IPv6, o espaço de endereçamento é baseado em **prefixos**, que definem a quantidade de *bits* que representam a parte de **rede**. Os *bits* restantes são utilizados para identificar os dispositivos (*hosts*) dentro da rede.

Prefixos e Máscaras no IPv6

- No IPv6, um prefixo define a parte da rede. Ele é representado na notação CIDR, como /48 ou /64.
- Um prefixo /48 significa que os primeiros 48 *bits* do endereço representam a parte da rede, enquanto os *bits* restantes (128 - 48 = 80 *bits*) podem ser usados para subdividir ou identificar dispositivos.

- Um prefixo /64 é amplamente utilizado para identificar sub-redes no IPv6, pois é considerado o padrão para redes locais.

Subdivisão de uma Rede IPv6

Se uma organização recebe um bloco de endereços IPv6, como 2001:0db8:0000::/48, ela pode subdividir esse espaço em sub-redes menores, conforme necessário.

EXEMPLO PRÁTICO:
SUBDIVIDINDO UM BLOCO /48 EM SUB-REDES /64

1. **Bloco Original**:
   - Bloco alocado: 2001:0db8:0000::/48
   - Este bloco cobre todos os endereços de 2001:0db8:0000:0000:0000:0000:0000:0000 até 2001:0db8:0000:ffff:ffff:ffff:ffff:ffff.
   - Total de endereços no bloco: 2128−48=2802^{128 - 48} = 2^{80}.
2. **Dividindo em Sub-redes /64**:
   - Cada sub-rede /64 utiliza 64 *bits* para a parte de rede, deixando 64 *bits* restantes para dispositivos.
   - Do prefixo /48 ao /64, utilizamos 16 *bits* adicionais para identificar as sub-redes (64−48=1664 - 48 = 16).
3. **Quantidade de Sub-redes /64**:
   - Podemos criar 216=65.5362^{16} = 65.536 sub-redes distintas.
4. **Exemplo de Sub-redes Criadas**:
   - Sub-rede 1: 2001:0db8:0000:0000::/64

     (Intervalo: 2001:0db8:0000:0000:0000:0000:0000:0000 até 2001:0db8:0000:0000:ffff:ffff:ffff:ffff)
   - Sub-rede 2: 2001:0db8:0000:0001::/64

(Intervalo: 2001:0db8:0000:0001:0000:0000:0000:0000 até 2001:0db8:0000:0001:ffff:ffff:ffff:ffff)

- Sub-rede 3: 2001:0db8:0000:0002::/64

  (Intervalo: 2001:0db8:0000:0002:0000:0000:0000:0000 até 2001:0db8:0000:0002:ffff:ffff:ffff:ffff)

E assim por diante até 65.536 sub-redes distintas.

Organizando Sub-redes para Departamentos

Uma organização pode usar as sub-redes /64 para segmentar diferentes departamentos ou locais, como:

- Sub-rede de Vendas: 2001:0db8:0000:0001::/64
- Sub-rede de TI: 2001:0db8:0000:0002::/64
- Sub-rede de RH: 2001:0db8:0000:0003::/64

Cada departamento pode então atribuir endereços específicos aos dispositivos dentro dessas sub-redes.

Resumo do Cálculo

1. Determine o bloco inicial (ex.: /48).
2. Decida o tamanho das sub-redes (ex.: /64).
3. Calcule quantos *bits* adicionais são necessários para dividir (ex.: 64−48=1664 - 48 = 16).
4. Divida o bloco em sub-redes utilizando os *bits* adicionais.

Vantagens do *Subnetting* no IPv6

1. **Espaço de Endereçamento Amplo**:
   - Permite alocar endereços generosamente sem se preocupar com escassez.
2. **Simplicidade na Administração**:
   - Usar prefixos padrão como /64 facilita o roteamento e a organização.

3. **Flexibilidade para Expansão**:

   - Grandes blocos de endereços permitem crescimento sem a necessidade de reconfiguração significativa.

O cálculo de sub-redes no IPv6 é muito mais simples do que no IPv4, graças ao amplo espaço de endereçamento. Usar prefixos como /48 para redes maiores e subdividi-los em sub-redes /64 proporciona uma maneira eficiente de organizar e administrar redes modernas.

Conclusão

O endereçamento IP, tanto na versão IPv4 quanto na IPv6, e o uso de *subnetting* são essenciais para a organização e administração eficiente de redes de computadores. À medida que as redes crescem e se tornam mais complexas, a capacidade de dividir redes maiores em sub-redes menores e mais gerenciáveis é crucial. O conhecimento sobre como realizar essas divisões e como gerenciar endereços IP de forma eficiente é uma habilidade fundamental para administradores de rede.

QUESTÕES

1. O que é endereçamento IP e qual a sua importância em redes de computadores?

2. Quais são as principais diferenças entre IPv4 e IPv6?

3. Explique a estrutura de um endereço IPv4.

4. Quantos *bits* possui um endereço IPv6 e como ele é representado?

5. O que é uma máscara de sub-rede e qual a sua função?

6. Explique o conceito de *subnetting* e por que ele é utilizado.

7. O que é CIDR (Classless Inter-Domain Routing) e qual a sua vantagem sobre o sistema tradicional de classes?

8. Como calcular o número de sub-redes em uma rede usando *subnetting*?

9. Qual é o intervalo de endereços para a classe C no IPv4?

10. O que são endereços de *broadcast* e como eles são utilizados?

11. Explique o conceito de endereço de rede no contexto de IPs.

12. Quais são os principais tipos de endereços IPv6?

13. Como funciona a autoconfiguração de endereços no IPv6?

14. O que são endereços reservados no IPv4 e para que servem?

15. Explique a diferença entre endereço público e privado.

16. Como calcular a quantidade de *hosts* utilizáveis em uma sub-rede?

17. Qual a função do protocolo ARP e como ele interage com o endereçamento IP?

18. O que é o processo de agregação de prefixos e como ele otimiza roteamento?

19. Quais são as vantagens do IPv6 em relação ao IPv4?

20. O que são endereços multicast e em quais contextos são usados?

Capítulo 5:

SEGURANÇA DE REDES

A segurança de redes é um campo fundamental na área de redes de computadores, especialmente em um mundo cada vez mais interconectado e vulnerável a uma vasta gama de ameaças. Com o aumento da utilização de dispositivos conectados à internet, as organizações e os indivíduos precisam adotar medidas eficazes para proteger as suas redes contra ataques maliciosos, roubo de informações, espionagem digital e outras ameaças. A proteção de dados, o monitoramento constante e a implementação de políticas robustas de segurança se tornaram requisitos essenciais para o sucesso de qualquer infraestrutura de TI.

Este capítulo abordará os principais conceitos relacionados à segurança de redes, incluindo ameaças e vulnerabilidades, políticas de segurança, criptografia e certificados digitais, *firewalls* e sistemas de detecção de intrusão, além de redes privadas virtuais (VPNs) e túneis seguros.

5.1 AMEAÇAS E VULNERABILIDADES

As ameaças às redes de computadores são fatores que podem causar danos, como perda de dados, interrupção de serviços e roubo de informações. Já as vulnerabilidades referem-se às fraquezas ou falhas que podem ser exploradas para realizar ataques.

A compreensão de ambos os conceitos é essencial para a criação de uma infraestrutura de rede segura.

5.1.1 Tipos de Ameaças

As ameaças às redes de computadores podem ser classificadas em diversas categorias, incluindo:

- **Ataques de negação de serviço (DoS):** Um ataque DoS visa sobrecarregar um sistema ou rede com um volume excessivo de tráfego, tornando o serviço indisponível para usuários legítimos. Esse tipo de ataque é geralmente direcionado a servidores *web*, *firewalls* e outros dispositivos críticos de rede.

Em ataques distribuídos de negação de serviço (DDoS), várias máquinas comprometidas, conhecidas como botnets, são controladas por um invasor para gerar um alto volume de requisições simultâneas, sobrecarregando a capacidade do sistema alvo. Esses ataques podem ter motivações diversas, como hacktivismo, extorsão financeira ou simples vandalismo digital.

  - *Exemplo:* Um ataque DDoS contra um servidor de *e-commerce* pode resultar em prejuízos significativos devido à interrupção do serviço durante campanhas de vendas importantes, como a Black Friday. O ataque pode também afetar a reputação da empresa e gerar insatisfaçção nos clientes.

- **Ataques de *malware*:** *Malware* (*software* malicioso) inclui vírus, *worms, trojans, spyware* e *ransomware,* que podem comprometer a integridade e disponibilidade de uma rede. Esses programas podem se espalhar por meio de e-mails, downloads ou vulnerabilidades em sistemas de *software.*

  - *Exemplo: Ransomware* pode criptografar os arquivos de uma organização, exigindo resgate para liberação dos dados.

- **Ataques de *phishing*:** Técnicas de *phishing* envolvem o envio de e-mails fraudulentos ou a criação de sites falsos que enganam os usuários para que forneçam informações sensíveis, como credenciais de login e dados financeiros;
  - *Exemplo:* Um e-mail de *phishing* que simula uma comunicação bancária e redireciona o usuário para uma página falsa, em que são inseridas credenciais.
- **Ataques de Man-in-the-Middle (MitM):** Em um ataque MitM, o invasor intercepta e potencialmente altera as comunicações entre dois sistemas sem o conhecimento de ambas as partes. Esses ataques podem ocorrer em redes sem fio inseguras ou redes vulneráveis, como redes corporativas com configurações inadequadas ou sem mecanismos de autenticação robustos.

Esses ataques geralmente envolvem técnicas como:

- **Interceptação de tráfego:** O invasor se posiciona entre os dispositivos de comunicação, capturando dados transmitidos;
- ***Spoofing* de DNS:** Manipulação de resolução de endereços DNS para redirecionar o usuário a sites maliciosos;
- **Ataques em HTTPS:** O invasor remove a criptografia de uma conexão segura, tornando os dados expostos a roubo.

MitM é especialmente perigoso porque permite ao atacante capturar informações sensíveis, como credenciais de login, dados bancários ou detalhes pessoais, sem que as vítimas percebam.

- *Exemplo:* Um invasor intercepta dados de login em uma rede Wi-Fi pública desprotegida, redirecionando o usuário para uma página clonada de autenticação para capturar suas credenciais. Além disso, o invasor pode monitorar e alterar mensagens transmitidas para fraudar transações financeiras.

- **Ataques de engenharia social:** Esses ataques dependem da manipulação psicológica dos usuários, levando-os a realizar ações inseguras ou divulgar informações confidenciais. Esses ataques exploram a confiança e a falta de conhecimento dos alvos, muitas vezes utilizando técnicas que simulam urgência ou autoridade para enganar as vítimas. Exemplos incluem *spear phishing* (*phishing* direcionado), *pretexting* (falsificação de identidade) e *baiting* (oferta de um "isco" para atrair o alvo).
  - ***Spear phishing:*** Foca em alvos específicos, como funcionários de alto escalão, utilizando informações personalizadas para parecerem mais autênticos.
  - ***Pretexting:*** Envolve a criação de cenários falsos, como fingir ser um representante de suporte técnico, para induzir o alvo a fornecer dados confidenciais.
  - ***Baiting:*** O atacante oferece algo atrativo, como pen drives "esquecidos" em locais públicos, carregados com *malware* que compromete os sistemas quando conectados.
  - *Exemplo:* Um invasor se passa por técnico de TI e solicita a senha de um funcionário para "manutenção", ou utiliza e-mails personalizados fingindo ser o CEO da empresa solicitando transferências bancárias urgentes.
- **Exploração de vulnerabilidades:** Invasores podem explorar vulnerabilidades conhecidas em *software, hardware* e sistemas operacionais para obter acesso não autorizado a uma rede. Essas vulnerabilidades incluem falhas de configuração, *software* desatualizado, senhas fracas e dispositivos IoT não seguros. A exploração dessas falhas pode levar a roubo de dados, interrupções de serviços e controle malicioso de dispositivos.

As principais categorias de vulnerabilidades exploradas incluem:

- **Falhas de configuração:** Configurações incorretas em servidores, *firewalls* ou redes podem expor sistemas críticos;
- *Exemplo:* Um *firewall* configurado para permitir tráfego não autorizado em portas críticas pode ser usado como porta de entrada para atacantes.

  - **Falta de atualizações:** A não aplicação de *patches* de segurança em sistemas e *softwares* permite que vulnerabilidades conhecidas sejam exploradas;
  - *Exemplo:* Exploração de falhas como "Log4Shell" em *software* amplamente utilizado.
  - **Senhas fracas ou reutilizadas:** Atacantes podem usar técnicas de força bruta ou dicionário para comprometer contas com senhas previsíveis;
  - *Exemplo:* O uso de "admin" como senha-padrão em dispositivos conectados.
  - **Vulnerabilidades em dispositivos IoT:** Muitos dispositivos IoT possuem segurança inadequada ou configurações padrão frágeis.
    - *Exemplo:* Câmeras de segurança conectadas com senhas-padrão podem ser usadas como parte de uma botnet em ataques DDoS;
    - *Exemplo geral:* Uma organização que não aplica *patches* de segurança pode ser explorada por meio de vulnerabilidades conhecidas, como no caso do *ransomware* WannaCry, que se aproveitou de falhas no SMB do Windows para se espalhar rapidamente.

5.1.2 Vulnerabilidades

As vulnerabilidades mais comuns em redes de computadores incluem:

- **Configurações inadequadas:** Má configuração de dispositivos de rede, como roteadores, *switches* e *firewalls*, pode permitir acesso indevido, expor vulnerabilidades ou reduzir a eficácia das medidas de proteção. Essas falhas podem incluir regras de *firewall* excessivamente permissivas, interfaces administrativas acessíveis remotamente sem autenticação adequada, ou dispositivos configurados com credenciais padrão. A correção de configurações exige auditorias regulares e boas práticas de segurança;
  - *Exemplo:* Um *firewall* configurado para permitir tráfego de qualquer origem em portas críticas pode expor servidores internos a ataques, ou um roteador com a interface de gerenciamento acessível pela internet pode ser alvo de explorações remotas.
- ***Software* desatualizado:** A falta de atualizações de segurança é uma das vulnerabilidades mais críticas em redes modernas. Muitos sistemas e aplicativos contêm falhas conhecidas que podem ser exploradas por invasores se não forem corrigidas com patches ou updates regulares. Além disso, os atacantes frequentemente monitoram lançamentos de *patches* para identificar vulnerabilidades específicas que podem ser exploradas antes que as organizações as corrijam;
  - *Impacto:* Sistemas desatualizados podem ser alvos de *ransomware*, roubo de dados e controle remoto por invasores;
  - *Exemplo:* A exploração da falha "EternalBlue" pelo *ransomware* WannaCry em 2017 foi possível devido à ausência de atualizações em milhares de dispositivos com o sistema operacional Windows. Mesmo após a liberação de um patch pela Microsoft, muitas organizações demoraram para aplicá-lo, resultando em danos massivos;

- *Mitigação:* Implementar um sistema automatizado de gerenciamento de *patches*, realizar auditorias frequentes de *software* e adotar soluções de segurança baseadas em IA para identificar *softwares* desatualizados.

- **Senhas fracas:** O uso de senhas fáceis de adivinhar ou reutilizadas em vários serviços é uma das vulnerabilidades mais exploradas pelos atacantes. A falta de complexidade em senhas expõe sistemas a ataques de força bruta e dicionário, permitindo que os invasores comprometam contas importantes. O problema se agrava com a reutilização de credenciais em diferentes plataformas, o que facilita ataques de credenciais comprometidas (*credential stuffing*), onde listas de senhas roubadas são testadas em outros serviços.
  - *Exemplo:* "123456", "senha" ou "*qwerty*" são senhas frequentemente usadas e facilmente comprometidas.
  - *Impacto:* Um ataque pode resultar em roubo de informações pessoais, comprometimento de dados corporativos e acesso não autorizado a sistemas críticos;
  - *Mitigação:* Adotar políticas de senhas seguras, como uso de combinações complexas de letras maiúsculas, minúsculas, números e símbolos. Implementar autenticação multifator (MFA) e ferramentas de gerenciamento de senhas para evitar reutilização e manter as credenciais protegidas.

- **Falta de criptografia:** A ausência de criptografia nas comunicações de rede torna os dados vulneráveis a interceptações e acessos não autorizados. Sem criptografia, dados sensíveis, como credenciais de login, informações financeiras ou correspondências confidenciais, podem ser capturados por invasores enquanto trafegam pela rede. Isso é especialmente preocupante em redes públicas ou Wi-Fi compartilhados, onde o tráfego pode ser facilmente monitorado;

- *Impacto:* Dados transmitidos sem criptografia podem ser interceptados e utilizados para roubo de identidade, fraudes financeiras ou espionagem corporativa;
  - *Exemplo:* Informações enviadas por meio de uma conexão HTTP em vez de HTTPS podem ser capturadas por invasores em redes abertas.
  - *Mitigação:* Implementar protocolos seguros como TLS/SSL para criptografar comunicações, adotar VPNs para proteger o tráfego e configurar redes Wi-Fi com criptografia WPA3 para garantir a segurança dos dados.
- **Rede sem fio insegura:** Redes sem fio sem autenticação adequada ou criptografia podem ser facilmente invadidas por atacantes que estejam próximos fisicamente.
  - *Exemplo:* Uma rede Wi-Fi com senha "12345678" ou sem criptografia WPA2.

5.1.3 Exemplos Reais de Ameaças

- **WannaCry (2017):** O ataque de *ransomware* WannaCry explorou uma vulnerabilidade no sistema operacional Windows para infectar milhares de computadores em todo o mundo, criptografando arquivos e exigindo resgate em criptomoeda para restaurar o acesso;
- **Ataques DDoS contra a Dyn (2016):** Um grande ataque DDoS usando a botnet Mirai sobrecarregou os servidores da empresa de DNS Dyn, resultando na interrupção de grandes serviços online, como Twitter, Netflix e PayPal;
- **SolarWinds (2020):** Um ataque sofisticado que explorou vulnerabilidades no *software* de gestão de rede da SolarWinds permitiu que invasores comprometesse redes de agências governamentais e corporações em todo o mundo.

5.2 POLÍTICAS DE SEGURANÇA

Políticas de segurança de redes são documentos formais que descrevem como uma organização deve proteger seus ativos de TI. Essas políticas definem as responsabilidades dos usuários e administradores, as diretrizes para a proteção de dados e as práticas de segurança para lidar com ameaças.

5.2.1 Componentes de uma Política de Segurança

Uma política de segurança é essencial para garantir a proteção dos ativos de uma organização. Ela deve ser clara e abrangente, abordando os aspectos fundamentais da segurança da informação e da rede. De acordo com Tanenbaum e Wetherall (2011), uma política de segurança deve ser suficientemente detalhada para prevenir incidentes, mas também flexível para se adaptar a mudanças tecnológicas e organizacionais. Abaixo, os principais componentes de uma política de segurança são apresentados:

1. **Objetivos de segurança**
   - Este elemento define os pilares da segurança da informação que a organização deseja proteger: **confidencialidade**, **integridade** e **disponibilidade**. Esses objetivos estabelecem a base para todas as decisões e implementações de segurança (Forouzan, 2013).
2. **Responsabilidades**
   - Determina os papéis e as responsabilidades de cada indivíduo ou departamento na implementação e manutenção da segurança. Por exemplo, a equipe de TI pode ser responsável por configurar *firewalls* e monitorar acessos, enquanto os usuários têm a obrigação de seguir as diretrizes de segurança estabelecidas (Stallings, 2014).

3. **Regras de uso aceitável**
   - Descrevem o que é permitido e proibido no uso dos recursos da rede. Isso inclui a proibição de instalar *softwares* não autorizados ou o uso de dispositivos pessoais sem aprovação prévia. Tais regras são fundamentais para reduzir riscos decorrentes de ações humanas (Kurose e Ross, 2013).
4. **Diretrizes de controle de acesso**
   - Específica como usuários e dispositivos são autenticados e autorizados a acessar a rede. Métodos como autenticação de dois fatores (2FA) e listas de controle de acesso (ACLs) podem ser utilizados para limitar o acesso com base nas funções e necessidades (Forouzan, 2013).
5. **Políticas de criptografia**
   - Define como a criptografia deve ser aplicada para proteger informações sensíveis durante o armazenamento e a transmissão. O uso de algoritmos modernos, como AES e RSA, garante que os dados estejam protegidos contra acessos não autorizados (Stallings, 2014).
6. **Procedimentos de *backup* e recuperação**
   - Estabelece como os dados serão copiados, armazenados e recuperados em caso de perda ou desastre. Isso inclui a frequência dos *backups*, os métodos de armazenamento (local ou em nuvem) e os processos de teste dos *backups* para garantir sua eficácia (Kurose e Ross, 2013).
7. **Respostas a incidentes de segurança**
   - Detalha as etapas a serem seguidas em caso de violação de segurança, como contenção, análise do incidente, notificação às partes interessadas e recuperação. Planos

claros e bem documentados ajudam a minimizar os impactos e a restaurar a normalidade rapidamente (Tanenbaum e Wetherall, 2011).

Conclusão

Uma política de segurança bem estruturada e implementada é um elemento-chave para proteger os recursos e a reputação de uma organização. Seguindo os componentes listados, a política pode servir como uma base sólida para mitigar riscos e responder a ameaças de forma eficaz.

5.2.2 Importância das Políticas de Segurança

As políticas de segurança desempenham um papel crucial na proteção dos ativos de uma organização, fornecendo uma estrutura clara e abrangente para o gerenciamento de riscos e a preservação da integridade, confidencialidade e disponibilidade das informações. Conforme destacado por Stallings (2014), políticas bem definidas alinham os esforços de segurança às necessidades estratégicas da organização, promovendo uma cultura de responsabilidade e conformidade. Abaixo, são descritos os aspectos fundamentais que reforçam sua importância:

1. **Reduzir o risco de ataques**
   - Uma política de segurança eficaz ajuda a identificar e mitigar ameaças antes que se tornem problemas. Ela fornece diretrizes específicas para o uso de tecnologias, práticas de monitoramento e resposta a incidentes. Por exemplo, a proibição do uso de dispositivos não autorizados e a aplicação de atualizações regulares de *software* minimizam as vulnerabilidades exploráveis (Forouzan, 2013).
   - Além disso, ao especificar mecanismos de autenticação robustos, como autenticação multifator (MFA), e implementar

políticas de controle de acesso, a organização reduz o risco de acessos não autorizados e violações de dados (Tanenbaum e Wetherall, 2011).

2. **Facilitar o cumprimento das regulamentações**

   - Em setores regulamentados, como saúde e finanças, políticas de segurança são essenciais para garantir conformidade com leis e normas, como a Lei Geral de Proteção de Dados (LGPD) no Brasil, o Regulamento Geral de Proteção de Dados (GDPR) na União Europeia, e a HIPAA nos Estados Unidos. Essas regulamentações exigem práticas rigorosas de proteção de dados e resposta a incidentes, e políticas de segurança estruturadas ajudam a organização a evitar penalidades e proteger a privacidade dos usuários (Kurose e Ross, 2013).
   - Por exemplo, a documentação clara de práticas de segurança, como o uso de criptografia e monitoramento contínuo, facilita auditorias externas e demonstra o compromisso da organização em cumprir suas obrigações legais.

3. **Garantir a resposta adequada a incidentes**

   - Políticas de segurança bem estruturadas incluem planos detalhados de resposta a incidentes, garantindo que todos os envolvidos saibam suas responsabilidades em casos de violações. Isso inclui procedimentos para identificação, contenção, erradicação e recuperação, além de comunicação eficiente com partes interessadas internas e externas (Stallings, 2014).
   - Uma resposta rápida e coordenada reduz os danos financeiros e de reputação associados a incidentes de segurança. Por exemplo, ao definir critérios claros para notificar autoridades e clientes, a organização pode evitar complicações legais e preservar a confiança do público.

Conclusão

As políticas de segurança são a base para uma postura de segurança robusta, promovendo práticas consistentes e garantindo que a organização esteja preparada para lidar com as crescentes ameaças no cenário digital. Além de proteger os ativos organizacionais, elas são indispensáveis para atender aos requisitos legais e regulamentares e para minimizar os impactos de incidentes, assegurando a continuidade das operações.

5.2.3 Exemplos de Políticas

- **Política de Senhas**: Esta política especifica a complexidade mínima para senhas (por exemplo, mínimo de 12 caracteres, com letras maiúsculas, minúsculas, números e símbolos), bem como a frequência de troca de senhas.
- **Política de *Backup***: Define quais dados devem ser copiados, a frequência de *backups* e como os dados devem ser armazenados, incluindo procedimentos para recuperação de dados.

5.3 CRIPTOGRAFIA E CERTIFICADOS DIGITAIS

A **criptografia** é o processo de codificação de informações de modo que somente as partes autorizadas possam decodificá-las e compreendê-las. A criptografia desempenha um papel essencial na proteção de dados em trânsito e em repouso, garantindo a confidencialidade, integridade e autenticidade das informações.

5.3.1 Tipos de Criptografia

A criptografia é uma técnica essencial para garantir a segurança de informações sensíveis em redes de computadores. Ela protege os dados contra acessos não autorizados, assegurando confidencialidade, integridade e, em muitos casos, autenticidade. Os dois principais tipos de criptografia, simétrica e assimétrica, diferem em seus métodos de operação, aplicações e desafios.

Criptografia Simétrica

Na criptografia simétrica, a mesma chave é utilizada tanto para criptografar quanto para descriptografar os dados. Este método é conhecido por sua eficiência e rapidez, o que o torna ideal para aplicações que envolvem grandes volumes de dados, como em bancos de dados e transmissões de vídeo.

- **Vantagens:**
  - Rapidez no processamento: Como os algoritmos simétricos têm menor complexidade computacional, eles podem criptografar e descriptografar dados de forma eficiente.
  - Simplicidade no design: A utilização de uma única chave reduz a complexidade do algoritmo.
- **Desafios:**
  - Distribuição segura da chave: Garantir que a chave seja compartilhada entre as partes de forma segura é um dos maiores desafios. A interceptação da chave pode comprometer toda a comunicação.
- **Exemplo de Algoritmo:**
  - **AES (Advanced Encryption Standard):** O AES é amplamente utilizado em comunicações seguras devido à sua eficiência e segurança comprovada. Ele suporta chaves de tamanhos variados (128, 192 ou 256 *bits*), sendo extremamente difícil de quebrar com as tecnologias atuais.
- **Aplicações:**
  - VPNs (Virtual Private Networks): Para proteger dados em trânsito.
  - Armazenamento de dados: Criptografia de discos rígidos e bases de dados.

Criptografia Assimétrica

A criptografia assimétrica utiliza um par de chaves: uma **chave pública** e uma **chave privada**. A chave pública é usada para criptografar os dados, enquanto a chave privada é necessária para descriptografá-los. Esse método é frequentemente usado para proteger a troca de chaves em ambientes em que a comunicação inicial pode não ser segura.

- **Vantagens:**
  - Segurança no compartilhamento de chaves: Como a chave pública pode ser distribuída livremente, o método elimina a necessidade de canais seguros para a troca de chaves;
  - Garantia de autenticidade: A chave privada, mantida em sigilo, garante que apenas o destinatário designado pode descriptografar as mensagens.
- **Desafios:**
  - Lento processamento: Os algoritmos assimétricos são computacionalmente mais intensivos, o que os torna menos eficientes para grandes volumes de dados.
- **Exemplo de Algoritmo:**
  - **RSA (Rivest-Shamir-Adleman):** O RSA é um dos algoritmos mais conhecidos de criptografia assimétrica, utilizado em protocolos como SSL/TLS para proteger conexões de internet. Ele baseia-se na dificuldade de fatorar números grandes, o que oferece alta segurança.
- **Aplicações:**
  - Transações *online* seguras: Usado em *e-commerce* e *banking* para proteger dados de cartão de crédito e autenticar servidores;
  - Assinaturas digitais: Garante a autenticidade e integridade de documentos eletrônicos;

- Protocolo HTTPS: Protege a comunicação entre navegadores e servidores *web*.

Quadro 5.1 – Comparação dos Tipos de Criptografia

Característica	Criptografia Simétrica	Criptografia Assimétrica
Uso de chaves	Uma única chave	Par de chaves (pública e privada)
Velocidade	Rápida	Lenta
Segurança na troca de chave	Requer canal seguro	Não requer canal seguro
Exemplo de algoritmo	AES	RSA

Fonte: Elaborado pelo autor, 2025.

Conclusão

A escolha entre criptografia simétrica e assimétrica depende do contexto e das necessidades da aplicação. Em muitos casos, ambos os métodos são utilizados em conjunto, como em sistemas de criptografia híbrida, em que a criptografia assimétrica é usada para trocar chaves simétricas, unindo a eficiência de um com a segurança do outro.

5.3.2 Certificados Digitais

Os certificados digitais são ferramentas cruciais para estabelecer confiança em comunicações digitais. Eles confirmam a identidade de uma entidade, como um site, servidor ou usuário, e garantem que os dados trocados durante uma comunicação estejam protegidos contra interceptação ou manipulação. Baseados no conceito de **Infraestrutura de Chave Pública (Public Key Infrastructure – PKI)**, os certificados digitais utilizam um sistema de chaves públicas e privadas para autenticar entidades e proteger informações.

Infraestrutura de Chave Pública (PKI)

A PKI é a base para o funcionamento de certificados digitais. Ela utiliza:

1. **Chave Pública**: Disponível publicamente e usada para criptografar os dados.
2. **Chave Privada**: Mantida em segredo pela entidade e usada para descriptografar os dados.

A ligação entre a chave pública e a entidade é validada por uma **Autoridade Certificadora (Certificate Authority – CA)**, que emite o certificado digital. A CA é uma organização confiável que verifica a identidade da entidade antes de emitir um certificado.

Componentes de um Certificado Digital

Um certificado digital típico contém:

- **Identidade da entidade**: Nome, domínio ou endereço do servidor.
- **Chave pública**: Associada à entidade.
- **Informações da CA**: Detalhes da autoridade certificadora que emitiu o certificado.
- **Data de validade**: O período em que o certificado é válido.
- **Assinatura digital da CA**: Confirma que a CA validou o certificado.

Funcionamento dos Certificados Digitais

1. **Validação da Identidade**: Quando um certificado é solicitado a uma CA, a entidade precisa comprovar sua identidade. Por exemplo, no caso de um site, o proprietário deve demonstrar controle sobre o domínio.
2. **Emissão do Certificado**: Após validar a identidade, a CA emite o certificado digital contendo a chave pública da entidade e assina digitalmente o documento, garantindo sua autenticidade.

3. **Estabelecimento de Conexão Segura**:

   - O cliente (ex.: navegador) solicita a conexão com o servidor.
   - O servidor envia seu certificado digital para o cliente.
   - O cliente verifica o certificado usando a chave pública da CA e estabelece uma conexão segura se o certificado for válido.

Exemplo de Uso: HTTPS

O HTTPS (Hypertext Transfer Protocol Secure) é um exemplo prático e comum do uso de certificados digitais para estabelecer conexões seguras na *web*. Veja como funciona:

1. **Conexão Inicial**: Quando um usuário acessa um site via HTTPS, o servidor do site envia seu certificado digital ao navegador.
2. **Verificação**: O navegador verifica se o certificado:

   - É emitido por uma CA confiável.
   - Está dentro do período de validade.
   - Corresponde ao domínio acessado.

3. **Criação de Sessão Segura**: Após validar o certificado, o navegador e o servidor criam uma chave simétrica temporária para criptografar os dados trocados durante a sessão. A troca dessa chave utiliza o certificado digital e a criptografia assimétrica.
4. **Comunicação Segura**: O tráfego entre o navegador e o servidor está agora protegido contra interceptações e alterações.

Benefícios dos Certificados Digitais

1. **Autenticidade**:

   - Asseguram que a entidade com a qual o cliente está se comunicando é realmente quem afirma ser. Isso é vital para proteger os usuários contra-ataques de *phishing* e falsificação de sites.

2. **Integridade**:

   - Garante que os dados não foram alterados durante a transmissão.

3. **Confidencialidade**:

   - Assegura que as informações trocadas sejam visíveis apenas para as partes autorizadas.

Casos Comuns de Uso

1. **HTTPS e Navegação Segura**:

   - Utilizado por sites para proteger informações sensíveis, como dados de login, números de cartão de crédito e outras transações financeiras.

2. **Assinaturas Digitais**:

   - Certificados digitais são usados para assinar documentos eletrônicos, garantindo sua autenticidade e evitando adulterações.

3. **E-mails Seguros**:

   - Protocolos como S/MIME utilizam certificados digitais para proteger e-mails, criptografando mensagens e assinando-as digitalmente.

4. **Autenticação em Redes Corporativas**:

   - Certificados digitais são usados para autenticar dispositivos e usuários em redes privadas e corporativas.

Conclusão

Os certificados digitais são fundamentais para criar confiança no ambiente digital, garantindo que os usuários possam se comunicar de forma segura e confiável com entidades legítimas. Ao usar uma PKI e autoridades certificadoras, eles fornecem autenticidade, integridade e confidencialidade em uma ampla variedade de aplicações, desde navegação na *web* até e-mails e assinaturas digitais.

5.3.3 Aplicações Práticas

- **VPNs**: Usam criptografia para garantir que o tráfego de rede entre o cliente e o servidor seja protegido de ataques de interceptação.
- **E-mails criptografados**: Usando PGP (Pretty Good Privacy) ou S/MIME, usuários podem criptografar seus e-mails para garantir que apenas o destinatário possa lê-los.

5.4 *FIREWALLS* E SISTEMAS DE DETECÇÃO DE INTRUSÃO (IDS)

Os *firewalls* e sistemas de detecção de intrusão (IDS) são elementos fundamentais para garantir a segurança de redes de computadores, protegendo contra acessos não autorizados e ataques cibernéticos. Esses mecanismos trabalham de forma complementar: enquanto o *firewall* controla o tráfego com base em regras predefinidas, o IDS monitora ativamente as atividades da rede para identificar comportamentos suspeitos que possam indicar uma tentativa de intrusão.

5.4.1 *Firewalls*

O *firewall* é um componente de segurança que atua como uma barreira entre redes confiáveis e não confiáveis, como a internet. Ele pode ser implementado como *hardware*, *software* ou uma combinação de ambos, e opera analisando o tráfego de entrada e saída com base em políticas de segurança configuradas. A sua função principal é decidir se determinado tráfego deve ser permitido ou bloqueado.

Tipos de *Firewalls*

1. *Firewalls* de Filtragem de Pacotes

- São os mais básicos e inspecionam pacotes de dados com base em informações da camada de rede e transporte, como:
  - Endereço IP de origem e destino;
  - Número da porta;
  - Tipo de protocolo (TCP, UDP, ICMP).
- **Vantagens:**
  - Simplicidade e baixa sobrecarga de processamento.
- **Desvantagens:**
  - Não oferecem proteção avançada, pois não analisam o conteúdo do pacote nem verificam o estado da conexão.

2. *Firewalls* de Inspeção de Estado

Monitoram o estado das conexões e permitem apenas pacotes que façam parte de uma sessão de conexão estabelecida. Por exemplo, um pacote de resposta será permitido apenas se corresponder a uma solicitação anterior.

- **Vantagens:**

Oferecem maior segurança em comparação com *firewalls* de filtragem de pacotes.

- **Desvantagens:**

Maior complexidade e consumo de recursos.

3. *Firewalls* de Próxima Geração (Next-Generation Firewall – NGFW)

Integram funcionalidades avançadas, como:

- **Prevenção de Intrusões (IPS):** Detectam e bloqueiam ameaças em tempo real;

- **Controle de Aplicativos:** Identificam e gerenciam tráfego baseado em aplicativos específicos, como bloquear acessos ao YouTube ou Facebook;
- **Proteção Contra *Malware*:** Incluem inspeção de conteúdo para identificar vírus e outros tipos de *malware*.
- **Vantagens:**
  Fornecem proteção abrangente e centralizada.
- **Desvantagens:**
  Custos mais elevados e maior demanda por recursos computacionais.

Funções Essenciais dos *Firewalls*

- **Filtragem de Pacotes:** Controle do tráfego com base em endereços IP, portas e protocolos;
- **Inspeção de Estado:** Monitoramento do estado das conexões para verificar legitimidade;
- **Segmentação de Rede:** Criação de zonas de segurança (ex.: DMZs) para isolar partes críticas da rede;
- **Controle de Acesso:** Bloqueio de acessos não autorizados com base em políticas;
- **Monitoramento e *Logging*:** Registro de atividades para análise de segurança e auditorias.

Exemplo Prático de Uso

Em uma empresa, um *firewall* pode ser configurado para:

- Bloquear todos os acessos externos à rede interna, exceto para um servidor *web* público na porta 80 (HTTP) e 443 (HTTPS);
- Restringir o acesso à internet para computadores internos, permitindo apenas acesso aos serviços necessários, como e-mail e navegadores.

Comandos de Configuração Básica (em um *firewall* Cisco):

```
access-list 100 permit tcp any host 192.168.1.10 eq 443
access-list 100 deny ip any any
interface GigabitEthernet0/0
ip access-group 100 in
```

Complemento: Sistemas de Detecção de Intrusão (IDS)

Enquanto o *firewall* foca no bloqueio preventivo com base em regras estáticas, os **Sistemas de Detecção de Intrusão (IDS)** têm a função de monitorar o tráfego da rede e identificar atividades anômalas ou maliciosas, como tentativas de invasão.

- **IDS Baseado em Rede (NIDS):** Monitora todo o tráfego que passa pela rede, identificando ataques baseados em padrões ou anomalias;
- **IDS Baseado em *Host* (HIDS):** Monitora atividades específicas em um único dispositivo, como tentativas de modificação de arquivos críticos.

Conclusão

Os *firewalls* e IDS são peças-chave na defesa contra ameaças cibernéticas, fornecendo camadas complementares de proteção. Um *firewall* atua como a primeira linha de defesa, bloqueando tráfego indesejado, enquanto o IDS realiza monitoramento contínuo para detectar e alertar sobre possíveis ataques. Para uma proteção eficaz, é comum integrar essas soluções, adicionando tecnologias avançadas, como NGFWs, que combinam as melhores funcionalidades de ambos os sistemas.

5.4.2 Sistemas de Detecção de Intrusão (IDS)

Os Sistemas de Detecção de Intrusão (Intrusion Detection Systems – IDS) são soluções de segurança projetadas para monitorar o tráfego de rede ou atividades de dispositivos em tempo real, a fim de identificar comportamentos suspeitos ou potenciais ataques. Eles complementam outras camadas de segurança, como *firewalls*, oferecendo uma visão mais detalhada das ameaças que possam ultrapassar mecanismos de defesa iniciais.

Como Funcionam os IDS

Os IDS utilizam padrões e algoritmos para analisar os dados que trafegam em uma rede ou as atividades realizadas em um dispositivo. Quando detectam comportamentos que se desviam da norma, como tentativas de acesso não autorizado ou ataques baseados em exploração de vulnerabilidades, geram alertas que permitem uma resposta rápida dos administradores.

- **Funções Principais:**
  - Identificar atividades maliciosas, como ataques de força bruta, varredura de portas e tentativas de exploração;
  - Detectar padrões conhecidos de ataque com base em assinaturas predefinidas;
  - Alertar os administradores para tomar ações corretivas antes que os danos se concretizem.

Tipos de IDS

1. **IDS Baseado em Rede (Network-based Intrusion Detection System – NIDS)**

- **Descrição:** Monitora o tráfego de toda a rede, analisando os pacotes de dados em busca de atividades suspeitas.
- **Vantagens:**
  - Abrange toda a rede, oferecendo uma visão ampla das comunicações entre dispositivos;
  - Detecta ataques que tentam explorar várias máquinas simultaneamente.

- **Desvantagens:**
  - Pode ser menos eficaz para atividades suspeitas que ocorrem exclusivamente em dispositivos individuais.
- **Exemplo de Uso:** Um NIDS pode ser configurado em um *switch* para monitorar todas as comunicações em uma rede corporativa e identificar padrões de ataques distribuídos, como ataques DDoS.

2. **IDS Baseado em *Host* (Host-based Intrusion Detection System – HIDS)**

- **Descrição:** Monitora eventos específicos em um dispositivo ou sistema, como alterações em arquivos críticos, tentativas de login e execução de programas não autorizados.
- **Vantagens:**
  - Proporciona maior detalhamento sobre atividades locais, como tentativas de escalonamento de privilégios;
  - É eficaz em servidores e dispositivos que armazenam dados críticos.
- **Desvantagens:**
  - Não detecta ataques que afetam múltiplos dispositivos ou redes.
- **Exemplo de Uso:** Um HIDS pode ser configurado em um servidor para monitorar alterações não autorizadas em arquivos de configuração ou tentativas de acesso *root*.

Integração e Configuração de IDS

Os IDS são geralmente configurados para gerar alertas que notificam administradores em caso de atividades suspeitas. Esses alertas podem ser enviados via:

- E-mail;
- *Logs* centralizados;

- Sistemas de gerenciamento de eventos e informações de segurança (SIEM).

Ações Possíveis:

- **Passivas:** O IDS apenas alerta sobre a atividade, deixando a ação corretiva a cargo do administrador;
- **Ativas (em combinação com IPS – Intrusion Prevention System):** O sistema pode tomar medidas automáticas, como bloquear um endereço IP ou desconectar um dispositivo suspeito.

5.4.3 Exemplos de Ferramentas de IDS

As ferramentas de IDS variam em funcionalidade e sofisticação. Abaixo, destacam-se duas das mais utilizadas:

1. **Snort**

- **Descrição:** Ferramenta *open-source* amplamente utilizada, o Snort é capaz de detectar ataques em tempo real com base em assinaturas e regras personalizadas.
- **Características:**
  - Suporte à inspeção de pacotes;
  - Capacidade de criar e ajustar regras para identificar ataques específicos;
  - Integração com sistemas de SIEM para centralização de alertas.
- **Aplicações Práticas:** Monitoramento de redes corporativas para detectar tentativas de exploração de vulnerabilidades conhecidas.

2. **Suricata**

- **Descrição:** Uma ferramenta de IDS/IPS avançada e de código aberto, o Suricata oferece inspeção profunda de pacotes (Deep Packet Inspection – DPI) e detecção de *malware*.
- **Características:**
  - Detecta ataques avançados e ameaças persistentes (APTs);
  - Análise de tráfego criptografado (TLS/SSL);
  - Integração com frameworks de segurança como Elastic Stack.
- **Aplicações Práticas:** Detecção de comportamentos anômalos e análise de tráfego de rede para identificar *malware*.

Conclusão

Os IDS são indispensáveis em qualquer estratégia de segurança de rede, fornecendo monitoramento contínuo e alertas em tempo real para atividades suspeitas. A escolha entre NIDS e HIDS depende das necessidades específicas da organização, e ferramentas como Snort e Suricata permitem implementar essas tecnologias de maneira eficiente e acessível.

5.5 VPNS E TÚNEL SEGURO

VPNs (Virtual Private Networks) são redes privadas virtuais que permitem que usuários acessem redes remotas de forma segura, como se estivessem fisicamente conectados à rede local. Elas usam criptografia para garantir que os dados transmitidos entre o cliente e o servidor estejam protegidos contra interceptações e acessos não autorizados.

5.5.1 Como Funciona uma VPN

Uma Rede Virtual Privada (Virtual Private Network – VPN) é uma tecnologia que permite criar uma conexão segura entre dois pontos em uma rede, garantindo que os dados transmitidos estejam protegidos contra interceptações e acessos não autorizados. Ela opera criando um **túnel criptografado** entre o dispositivo do usuário e o servidor da VPN, garantindo a confidencialidade, integridade e autenticidade das informações.

Funcionamento de uma VPN

1. **Criação do Túnel**

- Quando um dispositivo se conecta a uma VPN, é estabelecido um túnel virtual entre ele e o servidor da VPN. Esse túnel protege o tráfego de rede, impedindo que terceiros acessem os dados transmitidos;
- O tráfego de dados dentro do túnel é criptografado, tornando-o ilegível para interceptadores. Mesmo que um invasor consiga capturar os pacotes, ele não poderá interpretá-los sem a chave de criptografia.

2. **Criptografia dos Dados**

- Os dados que trafegam pela VPN são protegidos com algoritmos de criptografia, como AES (Advanced Encryption Standard). Isso garante que as informações sejam seguras contra acessos não autorizados.

3. **Troca de Chaves**

- A segurança do túnel VPN depende da troca de chaves criptográficas entre o dispositivo do usuário e o servidor da VPN. Essa troca pode usar métodos como criptografia assimétrica (RSA) para garantir que as chaves sejam compartilhadas de forma segura.

4. **Encapsulamento de Dados**

- O processo de encapsulamento envolve adicionar informações de cabeçalho ao tráfego original, permitindo que os dados sejam roteados através da internet sem revelar seu conteúdo ou destino final.

Tipos de VPN

1. **VPN de Acesso Remoto**

- **Descrição:**
  - Essa configuração é ideal para conectar dispositivos individuais a uma rede corporativa ou privada;
  - O usuário pode acessar recursos corporativos, como servidores, bancos de dados e sistemas internos, de qualquer lugar do mundo.
- **Funcionamento:**
  - O dispositivo cliente utiliza um *software* ou aplicativo para estabelecer a conexão com o servidor VPN;
  - Todo o tráfego gerado pelo cliente é roteado pela VPN, garantindo segurança mesmo em redes públicas.
- **Aplicações:**
  - Funcionários remotos que precisam acessar arquivos e sistemas da empresa;
  - Usuários que desejam proteger sua privacidade ao navegar em redes públicas, como Wi-Fi de aeroportos e cafés.

2. **VPN Site-a-Site**

- **Descrição:**
  - Essa configuração conecta duas redes físicas distintas, como filiais de uma empresa, através de um túnel seguro na internet;

  - Ela é ideal para empresas com múltiplas localizações, permitindo que suas redes funcionem como uma única unidade.
- **Funcionamento:**
  - Roteadores ou *gateways* de cada rede estabelecem a conexão VPN;
  - Todo o tráfego entre as redes é criptografado e roteado pelo túnel, garantindo segurança e integridade.
- **Aplicações:**
  - Conexão entre a matriz e filiais de uma empresa;
  - Colaboração entre empresas parceiras, permitindo o compartilhamento seguro de recursos.

Benefícios de Usar uma VPN

- **Segurança:** Protege dados sensíveis contra interceptação.
- **Privacidade:** Oculta o endereço IP do usuário, dificultando o rastreamento online.
- **Acesso remoto seguro:** Permite que funcionários remotos acessem redes corporativas com segurança.
- **Flexibilidade:** Facilita o trabalho em diferentes locais, sem comprometer a segurança da informação.

Conclusão

A VPN é uma ferramenta essencial para a segurança de redes, protegendo os dados em trânsito e garantindo conexões confiáveis entre usuários e redes. Seja em configurações de acesso remoto ou site-a-site, ela fornece a flexibilidade e a proteção necessárias para enfrentar os desafios de segurança no ambiente digital.

5.5.2 Protocolos de VPN

Os protocolos de VPN são os componentes tecnológicos que tornam possível a criação de conexões seguras entre dispositivos e redes. Eles definem como os dados serão encapsulados, autenticados e criptografados para garantir segurança, privacidade e integridade durante a transmissão. Abaixo estão os principais protocolos utilizados:

1. IPSEC (INTERNET PROTOCOL SECURITY)

- **Descrição:**
  - O IPSec é um conjunto de protocolos que fornece segurança em nível de IP, garantindo autenticação e criptografia para os dados transmitidos.
  - Pode ser usado tanto em configurações de **túnel** (encapsulando todo o pacote IP) quanto de **transporte** (protegendo apenas o conteúdo dos dados, mantendo o cabeçalho do pacote IP original).
- **Características:**
  - Suporte a autenticação de dispositivos e criptografia de dados;
  - Compatível com IPv4 e IPv6.
- **Benefícios:**
  - Altamente seguro devido ao uso de algoritmos avançados de criptografia, como AES e 3DES;
  - Versátil, sendo utilizado em VPNs site-a-site e de acesso remoto.
- **Aplicações Práticas:**
  - Empresas que desejam proteger a comunicação entre filiais ou dispositivos móveis e a rede corporativa.

2. SSL/TLS (SECURE SOCKETS LAYER/TRANSPORT LAYER SECURITY)

- **Descrição:**
  - Protocolos baseados em navegador que oferecem criptografia de ponta a ponta, garantindo a segurança das comunicações;
  - Amplamente utilizados para VPNs de acesso remoto que não requerem *software* dedicado, apenas um navegador compatível.
- **Características:**
  - Criptografia robusta, com suporte para chaves assimétricas (RSA) e algoritmos de *hash* (SHA-256);
  - Fácil de implementar, pois não exige configurações avançadas no dispositivo cliente.
- **Benefícios:**
  - Conexão direta entre cliente e servidor sem a necessidade de *softwares* adicionais;
  - Excelente para usuários remotos que precisam de acesso rápido e seguro a sistemas internos.
- **Aplicações Práticas:**
  - Acesso seguro a portais corporativos, ferramentas de CRM e e-mails corporativos.

3. PPTP (POINT-TO-POINT TUNNELING PROTOCOL)

- **Descrição:**
  - Um protocolo mais antigo, desenvolvido pela Microsoft, que encapsula pacotes de dados em uma conexão PPP (Point-to-Point Protocol);
  - Apesar de sua simplicidade e compatibilidade com a maioria dos dispositivos, oferece segurança limitada.

- **Características:**
  - Criptografia básica;
  - Fácil de configurar, mesmo para usuários sem conhecimentos avançados de redes.
- **Benefícios:**
  - Simplicidade na implementação;
  - Suporte em praticamente todas as plataformas.
- **Desvantagens:**
  - Vulnerável a ataques modernos devido à sua criptografia obsoleta.
- **Aplicações Práticas:**
  - Ambientes que não requerem alta segurança, como conexões temporárias ou redes não críticas.

Quadro 5.2 – Comparação dos Protocolos

Protocolo	Nível de Segurança	Velocidade	Aplicação
IPSec	Alta	Moderada	Empresas e redes corporativas
SSL/TLS	Alta	Alta	Acesso remoto e *web services*
PPTP	Baixa	Alta	Uso doméstico ou não crítico

Fonte: Elaborado pelo autor, 2025.

5.5.3 Benefícios e Riscos das VPNs

As VPNs oferecem benefícios significativos para a segurança e flexibilidade das redes corporativas e pessoais. No entanto, é importante considerar também os riscos e as limitações associados ao seu uso.

Benefícios

1. **Segurança Aprimorada**

- As VPNs protegem os dados durante a transmissão por meio de algoritmos de criptografia avançados. Isso é especialmente relevante em redes públicas, como Wi-Fi de cafés e aeroportos, onde os usuários estão mais vulneráveis a ataques como interceptação de pacotes (*sniffing*).

2. **Acesso Remoto Seguro**

- As VPNs permitem que funcionários trabalhem remotamente com a mesma segurança de uma conexão direta à rede interna da empresa, acessando sistemas e dados de maneira confiável.

3. **Privacidade**

- VPNs mascaram o endereço IP do usuário, dificultando o rastreamento de suas atividades online por terceiros, como anunciantes ou atacantes.

4. **Redução de Custos**

- Para empresas, as VPNs podem substituir linhas privadas caras (MPLS) por conexões públicas seguras, otimizando o orçamento de TI.

Riscos e Desafios

1. **Dependência de Fornecedores de VPN**

- Usuários de serviços comerciais de VPN dependem da confiabilidade e segurança do provedor. Se o fornecedor for comprometido ou não adotar boas práticas, os dados dos usuários podem ser expostos.

2. **Desempenho**

- A sobrecarga causada pela criptografia e pelo encapsulamento pode reduzir a velocidade da conexão. Isso é particularmente perceptível em VPNs que utilizam servidores distantes ou que atendem muitos usuários simultaneamente.

3. **Configuração Inadequada**

- Uma configuração incorreta da VPN pode criar vulnerabilidades, como vazamento de DNS, expondo o tráfego do usuário mesmo durante o uso da VPN.

4. **Falsa Sensação de Segurança**

- Embora as VPNs protejam a comunicação, elas não garantem proteção contra outros tipos de ameaças, como *malware* ou ataques de *phishing*. Os usuários devem adotar práticas adicionais de segurança.

Os protocolos de VPN, como IPSec, SSL/TLS e PPTP, oferecem diferentes níveis de segurança e desempenho, adaptando-se às necessidades específicas de cada usuário ou organização. Apesar dos benefícios, é essencial avaliar os riscos associados ao uso de VPNs e adotar boas práticas, como escolher provedores confiáveis e configurar adequadamente a conexão, para maximizar sua eficácia e segurança.

Conclusão

A segurança de redes é uma área vasta e complexa, com desafios contínuos à medida que as ameaças evoluem. Desde a proteção contra *malware* e ataques de negação de serviço, passando pela implementação de *firewalls* e IDS, até o uso de criptografia e VPNs, uma infraestrutura de rede segura requer uma combinação de tecnologias, políticas e monitoramento constante.

Compreender as ameaças e vulnerabilidades, e implementar as ferramentas e práticas certas, é essencial para proteger redes e garantir a continuidade dos negócios.

QUESTÕES

1. O que são ameaças de rede e por que é importante conhecê-las?

2. Explique a diferença entre vulnerabilidades e ameaças em uma rede.

3. O que é um ataque de negação de serviço (DoS) e como ele afeta uma rede?

4. Como funciona um ataque de *phishing* e qual o objetivo principal?

5. Quais são os tipos mais comuns de *malware*?

6. Explique o conceito de engenharia social no contexto de segurança de redes.

7. O que é um *firewall* e como ele protege a rede?

8. Qual a diferença entre IDS e IPS em segurança de redes?

9. O que é criptografia e como ela protege os dados em redes de computadores?

10. Explique o funcionamento básico do protocolo HTTPS.

11. O que são políticas de segurança de redes e por que são essenciais?

12. Descreva a função de uma VPN em uma rede corporativa.

13. O que é autenticação multifator (MFA) e por que ela é recomendada?

14. Quais são as diferenças entre um ataque de força bruta e um ataque de dicionário?

15. Como os certificados digitais garantem a segurança em redes?

16. O que é um sistema de detecção de intrusão baseado em rede (NIDS)?

17. Quais medidas podem ser tomadas para proteger uma rede Wi-Fi doméstica?

18. Explique o conceito de segregação de redes e sua importância na segurança.

19. O que é *spoofing* e como ele pode comprometer uma rede?

20. Quais são os principais benefícios de se implementar políticas de *backup* em uma rede?

Capítulo 6:

INTRODUÇÃO AOS SIMULADORES DE REDE

O uso de **simuladores de rede** tornou-se uma prática essencial para estudantes, engenheiros de rede, administradores de sistemas e profissionais da área de tecnologia da informação. Esses simuladores permitem a criação, o teste e a análise de redes em um ambiente controlado, sem a necessidade de comprar equipamentos caros ou configurar uma rede física. Este capítulo explora a importância dos simuladores de rede no processo de aprendizado e experimentação, e apresenta os principais simuladores do mercado, incluindo **Cisco Packet Tracer**, **GNS3** e **EVE-NG**.

6.1 IMPORTÂNCIA DOS SIMULADORES DE REDE

Os simuladores de rede oferecem uma maneira eficiente e econômica de criar ambientes de rede virtuais, onde profissionais de redes podem projetar, configurar e testar diferentes arquiteturas e tecnologias de rede. O uso de simuladores é particularmente útil em diversas áreas:

- **Educação e treinamento**: Os simuladores são amplamente utilizados em ambientes educacionais para ensinar aos alunos os conceitos fundamentais de redes de computadores. Eles permitem que os alunos criem e configurem redes complexas sem a necessidade de *hardware* real.

- **Certificação**: Para quem busca certificações em redes, como as oferecidas pela **Cisco (CCNA, CCNP)**, os simuladores são ferramentas indispensáveis. Eles permitem que os candidatos pratiquem a configuração de roteadores, *switches* e outros dispositivos de rede, o que é crucial para obter as certificações.
- **Desenvolvimento e teste de redes**: Simuladores permitem que engenheiros de rede desenvolvam novas topologias e testem novas configurações antes de implementá-las em um ambiente de produção. Isso reduz o risco de falhas e interrupções na rede real.
- **Solução de problemas**: Em ambientes de produção, os simuladores de rede podem ser usados para simular cenários de falha e avaliar a eficácia das soluções de problemas, ajudando a identificar e corrigir problemas antes que eles ocorram em uma rede real.

6.1.1 Vantagens dos Simuladores de Rede

- **Economia de custos**: Um dos principais benefícios dos simuladores é a economia. Comprar roteadores, *switches*, *firewalls* e outros equipamentos de rede pode ser caro, mas com simuladores é possível reproduzir as funcionalidades desses dispositivos virtualmente.
- **Ambiente seguro para testes**: Nos simuladores, é possível testar diferentes cenários e configurações sem o risco de interromper serviços em uma rede real. Isso permite maior liberdade para experimentação e erro.
- **Flexibilidade**: Os simuladores permitem a criação de topologias personalizadas que podem variar de redes simples a redes corporativas complexas, o que facilita o aprendizado e a simulação de cenários do mundo real.

- **Escalabilidade**: Muitos simuladores oferecem a capacidade de expandir a rede simulada conforme necessário, permitindo que os usuários adicionem dispositivos, redes e serviços para criar cenários mais realistas.
- **Disponibilidade de recursos didáticos**: Simuladores como o **Cisco Packet Tracer** oferecem tutoriais, laboratórios pré-configurados e recursos educacionais que facilitam o aprendizado e a prática de conceitos teóricos.

6.1.2 Limitações dos Simuladores de Rede

Embora os simuladores ofereçam muitos benefícios, eles também têm limitações:

- **Fidelidade limitada**: Alguns simuladores podem não reproduzir perfeitamente todos os aspectos de uma rede real, especialmente no que diz respeito ao desempenho e comportamento sob carga;
- **Falta de suporte para *hardware* especializado**: Certos dispositivos de rede especializados ou proprietários podem não ser suportados em simuladores, limitando a capacidade de teste;
- **Limitações no suporte a novos protocolos**: Alguns simuladores podem não suportar os protocolos mais recentes ou específicos de determinados fabricantes.

6.2 PRINCIPAIS SIMULADORES DO MERCADO

Existem vários simuladores de rede disponíveis no mercado, cada um com suas próprias características, funcionalidades e público-alvo. Os simuladores mais populares incluem o **Cisco Packet Tracer**, o **GNS3** e o **EVE-NG**. Cada um deles tem suas vantagens e desvantagens, e a escolha do simulador ideal depende das necessidades específicas do usuário.

6.2.1 Cisco Packet Tracer

O Cisco Packet Tracer é um dos simuladores de rede mais utilizados no mundo, especialmente no campo educacional. Desenvolvido pela Cisco, ele é amplamente utilizado para preparar alunos e profissionais para as certificações Cisco CCNA e CCNP. Com sua interface gráfica intuitiva, o Packet Tracer permite criar topologias de rede e configurar dispositivos com facilidade, tornando-se uma ferramenta essencial no aprendizado e prática de redes de computadores.

6.2.1.1 Funcionalidades do Cisco Packet Tracer

1. **Interface gráfica intuitiva**

- O Packet Tracer oferece uma interface que facilita a criação e configuração de dispositivos de rede. O usuário pode arrastar e soltar dispositivos, como roteadores, *switches* e PCs, para construir a topologia.

2. **Simulação de dispositivos Cisco**

- O simulador oferece suporte para uma ampla gama de dispositivos Cisco, incluindo roteadores, *switches*, *firewalls* e servidores, permitindo práticas de configuração e gerenciamento semelhantes às situações reais.

3. **Suporte a protocolos Cisco**

- Permite configurar protocolos amplamente utilizados, como OSPF, EIGRP, STP, VLANs e ACLs, fornecendo uma base sólida para prática em redes.

4. **Modo de simulação e modo de tempo real**

- O Packet Tracer possui dois modos principais de operação:

- **Modo de simulação:** Permite visualizar o tráfego de rede em câmera lenta, ajudando a entender os processos internos dos protocolos;
- **Modo de tempo real:** Simula o comportamento de uma rede real, fornecendo experiências práticas similares a redes físicas.

5. **Recursos educacionais**

- Inclui tutoriais e laboratórios prontos que facilitam o aprendizado, tornando-se uma ferramenta fundamental para candidatos a certificações Cisco e para instituições educacionais.

6.2.1.2 *Vantagens e Limitações*

Vantagens

- **Fácil de usar para iniciantes**: Interface intuitiva e simples;
- **Altamente otimizado para certificações Cisco**: Especialmente voltado para o aprendizado de protocolos e dispositivos Cisco;
- **Ampla gama de dispositivos suportados**: Inclui diversos equipamentos essenciais para simulações de redes;
- **Gratuito para estudantes**: Disponível sem custo para participantes do Cisco Networking Academy.

Limitações

- **Focado em dispositivos Cisco**: Não oferece suporte para equipamentos de outros fabricantes;
- **Limitações em redes complexas**: Pode não reproduzir fielmente o comportamento de redes grandes ou muito sofisticadas;
- **Comportamento real limitado**: Algumas funcionalidades de dispositivos podem não ser simuladas completamente.

6.2.1.3 *Aplicações Práticas*

O Cisco Packet Tracer é amplamente utilizado em diversos cenários educacionais e profissionais:

- **Preparação para certificações Cisco**
  - Ideal para estudantes e profissionais que buscam certificações como CCNA e CCNP, permitindo a prática de configurações e diagnóstico de redes.
- **Ensino em escolas e universidades**
  - Instituições educacionais utilizam o Packet Tracer como uma ferramenta essencial para ensinar redes de computadores, oferecendo aos alunos um ambiente seguro e controlado para experimentação.
- **Simulação de redes virtuais**
  - Permite que usuários criem redes virtuais para testar conceitos de redes sem a necessidade de *hardware* físico.

Com suas funcionalidades avançadas e foco educacional, o Cisco Packet Tracer continua sendo uma ferramenta indispensável para o aprendizado e a prática no campo das redes de computadores.

6.2.2 GNS3 (Graphical Network Simulator)

O GNS3 é uma plataforma de simulação de rede de código aberto amplamente reconhecida por sua capacidade de emular dispositivos reais, como roteadores e *switches*, utilizando imagens de sistemas operacionais reais. Ao contrário de simuladores que oferecem apenas ambientes virtuais simplificados, o GNS3 permite a criação de redes com maior fidelidade, sendo ideal para simulações de ambientes complexos e heterogêneos.

6.2.2.1 Funcionalidades do GNS3

1. **Emulação de dispositivos reais**

- O GNS3 utiliza **Dynamips** para emular o IOS (Internetwork Operating System) da Cisco e **QEMU** para emular outros dispositivos, como *firewalls*, servidores e computadores. Essa funcionalidade permite a criação de redes que replicam as condições reais de operação, tornando-o ideal para testes e treinamento prático.

2. **Suporte para vários fabricantes**

- Diferentemente de simuladores focados em uma única marca, o GNS3 oferece suporte para dispositivos de múltiplos fabricantes, como **Juniper**, **Fortinet**, **Palo Alto** e outros. Isso possibilita a simulação de redes heterogêneas, refletindo ambientes reais encontrados em corporações e *data centers*.

3. **Integração com máquinas virtuais**

- O GNS3 pode ser integrado a **máquinas virtuais (VMs)**, permitindo que os usuários adicionem servidores e sistemas operacionais como Linux e Windows às suas simulações. Isso é essencial para testar aplicações e serviços em um ambiente controlado.

4. **Integração com redes físicas**

- O GNS3 também permite conectar dispositivos simulados a redes físicas, criando um ambiente **híbrido**. Isso possibilita testes em tempo real com dispositivos reais, ajudando engenheiros a validar configurações antes de implementá-las em produção.

6.2.2.2 Vantagens e Limitações

Vantagens

- **Emulação realista**: Oferece alta fidelidade em simulações, utilizando sistemas operacionais reais;
- **Suporte a múltiplos fabricantes**: Permite simular ambientes com dispositivos de diferentes marcas, oferecendo maior flexibilidade;
- **Integração com VMs e redes físicas**: Facilita a criação de ambientes complexos e realistas, adequados para testes e treinamento;
- **Flexibilidade**: Excelente para projetar redes sofisticadas e testar configurações avançadas.

Limitações

- **Alto consumo de recursos**: Requer *hardware* robusto para funcionar adequadamente, especialmente em simulações grandes;
- **Configuração inicial complexa**: Configurar e otimizar o GNS3 pode ser desafiador, especialmente para iniciantes;
- **Menos intuitivo**: Comparado a simuladores como o Cisco Packet Tracer, o GNS3 exige maior conhecimento técnico para operar eficientemente.

6.2.2.3 Aplicações Práticas

O GNS3 é amplamente utilizado em contextos educacionais e profissionais, com aplicações que vão desde o aprendizado básico até a preparação para certificações de nível avançado. Algumas das aplicações práticas incluem:

1. **Preparação para certificações avançadas**

- O GNS3 é uma ferramenta essencial para candidatos a certificações como **CCIE (Cisco Certified Internetwork Expert)**, permitindo a prática em redes realistas e complexas.

2. **Treinamento profissional**

- Engenheiros de rede utilizam o GNS3 para testar novas configurações, realizar troubleshooting e simular cenários antes da implementação em ambientes reais.

3. **Ensino em ambientes acadêmicos**

- Universidades e escolas técnicas utilizam o GNS3 para ensinar conceitos de redes, incluindo configuração de protocolos, roteamento dinâmico e segurança de rede.

4. **Desenvolvimento de projetos**

- O GNS3 é ideal para projetar e validar novas arquiteturas de rede, garantindo que as soluções atendam às necessidades técnicas e de negócios antes da implantação.

Com seu foco em emulação realista e suporte a múltiplas plataformas, o GNS3 é uma ferramenta indispensável para profissionais e estudantes que buscam experiência prática em redes complexas.

6.2.3 EVE-NG (Emulated Virtual Environment Next Generation)

O EVE-NG (Emulated Virtual Environment Next Generation) é uma plataforma de simulação e emulação de redes altamente flexível e robusta, amplamente utilizada para criar laboratórios virtuais complexos. Evolução do antigo UnetLab, o EVE-NG oferece suporte a uma ampla gama de dispositivos de rede e sistemas operacionais, sendo ideal para profissionais e instituições que precisam de soluções sofisticadas para treinamento, desenvolvimento e teste.

6.2.3.1 Funcionalidades do EVE-NG

1. **Emulação de redes complexas**

O EVE-NG é projetado para emular redes com milhares de dispositivos, suportando roteadores, *switches*, *firewalls* e servidores de múltiplos fabricantes. Também oferece suporte à integração com dispositivos **SDN (Software-Defined Networking)** e **NFV (Network Functions Virtualization)**, tornando-o adequado para simular arquiteturas de redes modernas e definidas por *software*.

2. **Interface gráfica baseada na *web***

A interface gráfica do EVE-NG é acessível via navegador, permitindo que os usuários construam e configurem topologias complexas diretamente de qualquer dispositivo com acesso à internet. Isso elimina a necessidade de instalar *software* cliente, facilitando o uso em diferentes plataformas.

3. **Suporte a multiusuário**

O EVE-NG permite que múltiplos usuários trabalhem simultaneamente no mesmo ambiente de emulação. Essa funcionalidade é essencial para ambientes educacionais e corporativos que demandam colaboração entre equipes.

4. **Suporte para vários fabricantes e dispositivos**

Assim como o GNS3, o EVE-NG suporta dispositivos de múltiplos fabricantes, incluindo **Cisco**, **Juniper**, **Fortinet**, **Palo Alto**, entre outros. Isso permite a criação de redes heterogêneas que refletem ambientes reais encontrados em empresas e *data centers*.

6.2.3.2 *Vantagens e Limitações*

Vantagens

- **Suporte a redes complexas e escaláveis:** Ideal para criar laboratórios que simulam ambientes de produção em grande escala;
- **Interface baseada na *web*:** Permite acesso fácil e intuitivo de qualquer lugar;
- **Funcionalidade multiusuário:** Excelente para laboratórios compartilhados e colaboração em projetos;
- **Compatibilidade com SDN e NFV:** Suporte para tecnologias avançadas, permitindo testes em redes de próxima geração.

Limitações

- **Altos requisitos de *hardware*:** Para emular redes complexas, é necessário um *hardware* robusto com grande capacidade de processamento e memória;
- **Configuração inicial complexa:** Pode ser desafiador para iniciantes configurar e otimizar o ambiente;
- **Funcionalidades pagas:** Algumas funcionalidades mais avançadas estão disponíveis apenas na versão profissional (EVE-NG Pro).

6.2.3.3 *Aplicações Práticas*

O EVE-NG é amplamente utilizado em diferentes cenários educacionais e profissionais devido à sua capacidade de emular redes complexas. Algumas de suas aplicações incluem:

1. **Laboratórios educacionais**

Universidades e instituições educacionais utilizam o EVE-NG para ensinar conceitos avançados de redes, incluindo SDN, NFV, e tecnologias de segurança como *firewalls*.

2. Treinamento corporativo

Empresas usam o EVE-NG para treinar equipes de TI em configurações de redes complexas e soluções personalizadas, sem a necessidade de *hardware* físico.

3. Testes de arquiteturas de redes

Profissionais podem projetar, testar e validar novas arquiteturas antes de implementá-las em produção, garantindo que atendam às necessidades técnicas e de negócios.

4. Simulação de redes modernas

Ideal para profissionais que trabalham com SDN e NFV, permitindo que eles experimentem diferentes cenários e ajustem suas configurações de acordo com as necessidades.

Com seu suporte para dispositivos de múltiplos fabricantes, funcionalidade de multiusuário e interface intuitiva, o EVE-NG é uma ferramenta indispensável para quem busca criar e gerenciar laboratórios de rede em larga escala.

Quadro 6.1 – Comparação dos Simuladores

Característica	Cisco Packet Tracer	GNS3	EVE-NG
Facilidade de uso	Alta	Moderada	Moderada
Fidelidade de emulação	Baixa (simulação)	Alta (emulação real)	Alta (emulação real)
Suporte a fabricantes	Cisco	Vários fabricantes	Vários fabricantes
Recursos de *hardware*	Baixos	Altos	Altos
Multiusuário	Não	Não	Sim
Uso educacional	Alto	Moderado	Moderado

Característica	Cisco Packet Tracer	GNS3	EVE-NG
Integração com VMs	Não	Sim	Sim
Preço	Gratuito	Gratuito/*Open Source*	Gratuito/Pago

Fonte: Elaborado pelo autor, 2025.

Conclusão

Os simuladores de rede são ferramentas poderosas que permitem que profissionais e estudantes aprendam e testem configurações de rede em um ambiente controlado e seguro. Simuladores como o **Cisco Packet Tracer** são ideais para quem está começando ou se preparando para certificações, enquanto ferramentas como **GNS3** e **EVE-NG** oferecem recursos mais avançados para simulação de redes reais e complexas. A escolha do simulador ideal depende das necessidades do usuário, do nível de experiência e dos recursos disponíveis.

QUESTÕES

1. O que é um simulador de rede e qual a sua principal utilidade?

____

____

____

2. Qual a importância dos simuladores de rede no aprendizado de redes de computadores?

3. Cite dois exemplos de simuladores de rede amplamente utilizados.

4. Quais são as principais vantagens dos simuladores de rede em relação ao *hardware* físico?

5. Explique o conceito de topologia de rede no contexto de simuladores.

6. O que é o Cisco Packet Tracer e para que ele é utilizado?

7. Quais são as limitações do Cisco Packet Tracer em redes complexas?

8. Qual a diferença entre um simulador e um emulador de rede?

9. Como os simuladores podem ajudar na preparação para certificações como o CCNA?

10. Quais recursos o Cisco Packet Tracer oferece para ensino e aprendizado?

11. O que é o GNS3 e como ele difere do Packet Tracer?

12. Quais são os requisitos mínimos de *hardware* para rodar o GNS3?

13. Explique como o EVE-NG é utilizado em ambientes empresariais.

14. O que são máquinas virtuais (VMs) e como elas podem ser integradas aos simuladores?

15. Quais são as limitações de fidelidade nos simuladores de rede?

16. Por que a interface gráfica é um diferencial do Cisco Packet Tracer?

17. Explique como o modo de simulação do Cisco Packet Tracer auxilia no aprendizado de protocolos.

18. Quais são os benefícios de usar simuladores em ambientes de teste de redes corporativas?

19. Como o suporte a múltiplos fabricantes no GNS3 e no EVE-NG aumenta sua utilidade?

20. Quais são os principais fatores a serem considerados ao escolher um simulador de rede?

Capítulo 7:

CISCO PACKET TRACER: INSTALAÇÃO E CONFIGURAÇÃO

7.1 REQUISITOS DO SISTEMA

O **Cisco Packet Tracer** é um simulador de redes desenvolvido pela Cisco para auxiliar o aprendizado e ensino de conceitos de redes, especialmente para aqueles que estão buscando certificações como **CCNA** (Cisco Certified Network Associate) e **CCNP** (Cisco Certified Network Professional).

Figura 7.1 – Tela de apresentação do Simulador Cisco Packet Tracer Student

Fonte: Licenciado em CC BY-NC-ND.

Antes de instalar o *software*, é essencial verificar se o computador atende aos **requisitos mínimos de sistema** para garantir o bom funcionamento da ferramenta.

7.1.1 Requisitos Mínimos

Para executar o Cisco Packet Tracer, o sistema do usuário deve atender aos seguintes requisitos mínimos:

- **Sistema Operacional**:
  - Windows 7, 8.1, 10 (32 *bits* e 64 *bits*)
  - Ubuntu 20.04 LTS (64 *bits*)
  - macOS (via suporte oficial limitado)
- **Processador**: Processador dual-core com velocidade de 2 GHz ou superior. Processadores mais antigos podem apresentar lentidão, especialmente em redes complexas com muitos dispositivos simulados.
- **Memória RAM**:
  - Mínimo: 4 GB
  - Recomendado: 8 GB ou mais (especialmente para topologias grandes ou várias redes simultâneas)
- **Espaço em Disco**: Pelo menos 1,5 GB de espaço livre para instalação. No entanto, é recomendado ter mais espaço disponível para salvar projetos e realizar atualizações futuras;
- **Placa de Vídeo**: Placa de vídeo integrada ou dedicada compatível com DirectX 9.0c ou superior. O Packet Tracer faz uso intensivo da interface gráfica, e ter uma boa placa de vídeo melhora a experiência do usuário;
- **Resolução de Tela**: Resolução mínima de 1024x768 pixels. Resoluções mais altas são recomendadas para melhor visualização das topologias e ferramentas.

7.1.2 Requisitos Recomendados

Embora o Cisco Packet Tracer funcione com os requisitos mínimos, para uma experiência mais suave, especialmente em cenários complexos e com múltiplos dispositivos em execução, os seguintes **requisitos recomendados** devem ser considerados:

- **Processador**: Quad-core com 2,5 GHz ou superior;
- **Memória RAM**: Pelo menos 8 GB de RAM. Para grandes simulações e ambientes multiusuário, 16 GB ou mais podem ser necessários;
- **Placa de Vídeo**: Placa de vídeo dedicada com pelo menos 1 GB de memória VRAM;
- **Conectividade à Internet**: Embora o Packet Tracer possa ser usado offline, o acesso à Internet é recomendado para baixar atualizações, acessar tutoriais online e utilizar funcionalidades educacionais integradas ao Cisco Networking Academy.

7.2 BAIXANDO E INSTALANDO O CISCO PACKET TRACER

A instalação do **Cisco Packet Tracer** é relativamente simples, mas é importante seguir alguns passos para garantir que o *software* seja instalado corretamente e esteja funcionando da melhor forma.

7.2.1 Onde Baixar o Cisco Packet Tracer

O Packet Tracer está disponível para download gratuitamente para os alunos inscritos no **Cisco Networking Academy**. Mesmo que você não esteja matriculado em um curso pago, a Cisco oferece um curso introdutório gratuito que permite o acesso à ferramenta.

Passos para baixar o Cisco Packet Tracer:

1. **Acesse o site do Cisco Networking Academy**:

- URL: https://www.netacad.com

2. **Crie uma conta gratuita**: Se você ainda não tem uma conta, inscreva-se no curso gratuito de "Introduction to Packet Tracer". Isso lhe dará acesso ao download da versão mais recente do *software*.
3. **Navegue até a área de downloads**: Após fazer login, vá até a seção de downloads e selecione a versão do Packet Tracer compatível com o seu sistema operacional (Windows, Linux ou macOS).

7.2.2 Instalando o Cisco Packet Tracer no Windows

Aqui estão os passos para instalar o **Packet Tracer** em um computador com o sistema operacional Windows:

1. **Abra o instalador**: Após o download, abra o arquivo executável (por exemplo, PacketTracer_setup.exe);
2. **Aceite os termos**: Você será solicitado a aceitar os termos de licença da Cisco. Leia os termos e clique em **Aceitar** para continua;
3. **Escolha o diretório de instalação**: O instalador permitirá que você escolha o diretório onde o Packet Tracer será instalado. O local padrão é C:\Program Files (x86)\Cisco Packet Tracer;
4. **Complete a instalação**: Clique em **Instalar** para começar a instalação. O processo pode demorar alguns minutos, dependendo da velocidade do sistema;
5. **Conclua a instalação**: Uma vez concluída, você verá uma tela indicando que o Packet Tracer foi instalado com sucesso. Clique em **Concluir** para fechar o instalador;

6. **Login no Packet Tracer**: Ao abrir o Packet Tracer pela primeira vez, você será solicitado a fazer login com sua conta da Cisco Networking Academy. Isso é necessário para acessar todas as funcionalidades do *software*.

7.2.3 Instalando o Cisco Packet Tracer no Ubuntu

O Packet Tracer também está disponível para o sistema operacional Ubuntu, que é uma das distribuições mais populares do Linux.

Passos para instalar no Ubuntu:

1. **Baixe o arquivo .deb**: No site da Cisco Networking Academy, baixe o pacote .deb compatível com sua versão do Ubuntu.
2. **Instalação via Terminal**:
   - Abra o terminal no Ubuntu e navegue até o diretório onde o arquivo .deb foi baixado.
   - Execute o comando:

     sudo dpkg -i PacketTracer_XXX_Ubuntu.deb

     (Substitua XXX pela versão específica do arquivo).
3. **Instale as dependências**: Se houver problemas de dependências, execute o seguinte comando para instalar pacotes necessários:

   sudo apt-get install -f
4. **Abra o Packet Tracer**: Após a instalação, o Packet Tracer estará disponível no menu de aplicativos do Ubuntu. Você também pode abri-lo diretamente pelo terminal digitando packettracer.

7.2.4 Instalando o Cisco Packet Tracer no macOS

Embora o suporte oficial ao **macOS** seja mais limitado em comparação com Windows e Linux, a Cisco oferece uma versão para macOS.

1. **Baixe o arquivo DMG**: No site da Cisco Networking Academy, faça o download do arquivo DMG específico para macOS;
2. **Abra o instalador**: Clique duas vezes no arquivo DMG para montar a imagem de disco no seu Mac;
3. **Arraste o ícone para a pasta Aplicativos**: Como a maioria dos aplicativos no macOS, basta arrastar o ícone do Cisco Packet Tracer para a pasta **Aplicativos**;
4. **Conclua a instalação**: Após mover o ícone para a pasta Aplicativos, você poderá iniciar o Packet Tracer diretamente pelo **Launchpad** ou Finder.

7.3 PRIMEIROS PASSOS COM O CISCO PACKET TRACER

Uma vez que o Packet Tracer esteja instalado, o próximo passo é começar a se familiarizar com a interface e as funcionalidades básicas. Abaixo, detalharemos os primeiros passos para começar a usar o Cisco Packet Tracer de forma eficiente.

7.3.1 Abrindo o Cisco Packet Tracer

Depois de instalar o *software*, siga os passos abaixo para abrir e configurar seu ambiente inicial:

1. **Login**: Ao abrir o Packet Tracer pela primeira vez, será solicitado que você faça login usando as credenciais criadas na Cisco Networking Academy. Isso é obrigatório para acessar as funcionalidades completas do *software*;

2. **Selecionar modo de trabalho**: O Packet Tracer oferece dois modos de trabalho principais:

- **Modo de simulação**: Permite que você veja o tráfego de rede e o comportamento dos pacotes em câmera lenta;
- **Modo de tempo real**: Simula uma rede em tempo real, como se estivesse configurando dispositivos reais.

3. **Criação de um novo projeto**: Após o login, a tela principal do Packet Tracer será exibida. Para começar um novo projeto, clique em **Arquivo** > **Novo**.

Figuras 7.2 e 7.3 – Interface Principal do Cisco Packet Tracer – Versão 8.2.2.0400/ 2024

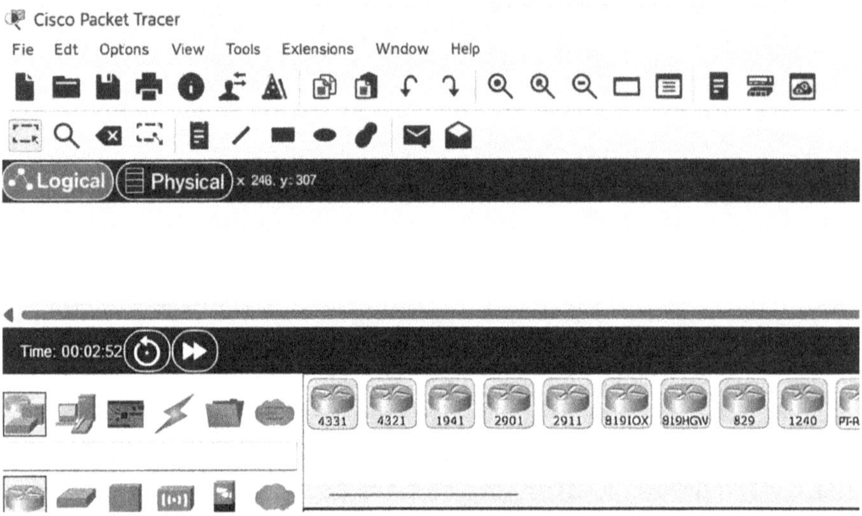

Fonte: Está licenciado em CC BY-SA-NC.

A imagem apresenta:

a. **Barra de ferramentas superior**: Contém opções para adicionar dispositivos, configurar redes e acessar funcionalidades como zoom, ferramentas de captura e análise de pacotes;

b. **Área de trabalho lógica (Logical)**: Espaço central para a montagem e configuração de redes simuladas;

c. **Área de dispositivos (parte inferior)**: Biblioteca de dispositivos, como *switches*, roteadores, servidores, e computadores, disponíveis para inserção no projeto;

d. **Modo de operação (canto inferior direito)**: Alternância entre os modos de simulação e tempo real para análise do funcionamento da rede;

e. **Lista de PDUs (centro inferior)**: Ferramenta para gerenciar e monitorar pacotes de dados utilizados na simulação.

7.3.2 Criando sua Primeira Rede

Agora que você está familiarizado com o ambiente inicial do Packet Tracer, é hora de criar uma rede simples. Um exemplo prático seria configurar uma pequena rede local (LAN) com dois PCs e um *switch*.

Figura 7.4 – Esboço de rede simples

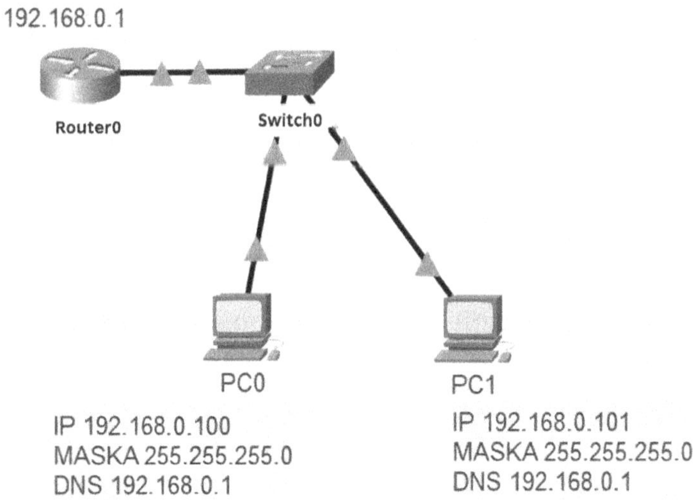

Fonte: Está licenciado em CC BY-SA.

A figura anterior mostra dois PCs conectados a um *switch*, com os respectivos endereços IP indicados.

1. **Adicionando dispositivos**:

- Na parte inferior da tela, você encontrará a **barra de dispositivos**. Clique no ícone de ***Switches*** e arraste um *switch* para o painel principal;
- Em seguida, clique no ícone de **End Devices** (dispositivos finais), arraste dois PCs para o painel principal.

2. **Conectando dispositivos**:

- Clique no ícone de **Conexões** (cabos) na barra de dispositivos. Escolha o **Cabo de Par Trançado** (cabo *Ethernet*) e conecte cada PC ao *switch*;
- Certifique-se de que cada PC está conectado a uma porta diferente do *switch*.

3. **Configurando endereços IP**:

- Clique duas vezes em cada PC, selecione a aba **Desktop**, e clique em **IP Configuration**;
- Para o **PC 1**, insira o endereço IP 192.168.1.1 com máscara de sub-rede 255.255.255.0;
- Para o **PC 2**, insira o endereço IP 192.168.1.2 com máscara de sub-rede 255.255.255.0.

4. **Testando a conectividade**:

- Para testar a conectividade entre os PCs, clique novamente no **PC 1**, selecione a aba **Desktop** e clique em **Command Prompt**;
- No prompt de comando, digite ping 192.168.1.2 para verificar se o **PC 17** consegue se comunicar com o **PC 2**.

Figura 7.5 – Rede criada no Cisco Packet Tracer

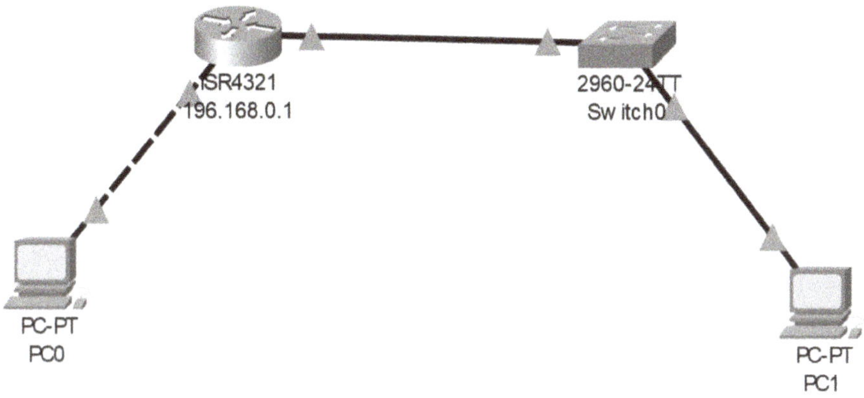

Fonte: Está licenciado em CC BY-SA.

Se a configuração foi feita corretamente, o *ping* será bem-sucedido, indicando que os dispositivos estão se comunicando por meio do *switch*.

7.3.3 Salvando seu Projeto

Após configurar sua primeira rede, é importante salvar seu trabalho:

1. **Salvar o arquivo**: Clique em **Arquivo** > **Salvar como**;
2. **Nomeie o projeto**: Escolha um nome apropriado e selecione o local onde deseja salvar o projeto;
3. **Formatos suportados**: O Packet Tracer salva arquivos com a extensão .pkt.

7.4 INTERFACE DO USUÁRIO E PRINCIPAIS FERRAMENTAS

A **interface do Cisco Packet Tracer** é intuitiva e projetada para facilitar o aprendizado e o uso prático. A seguir, descreveremos as principais partes da interface e como usá-las para criar e configurar redes.

7.4.1 Barra de Menu Principal

A **barra de menu** na parte superior do Packet Tracer contém os menus principais do programa, como **Arquivo**, **Editar**, **Exibir**, **Ferramentas** e **Ajuda**. Aqui estão algumas funcionalidades importantes:

Figura 7.6 – Interface do Cisco Packet Tracer

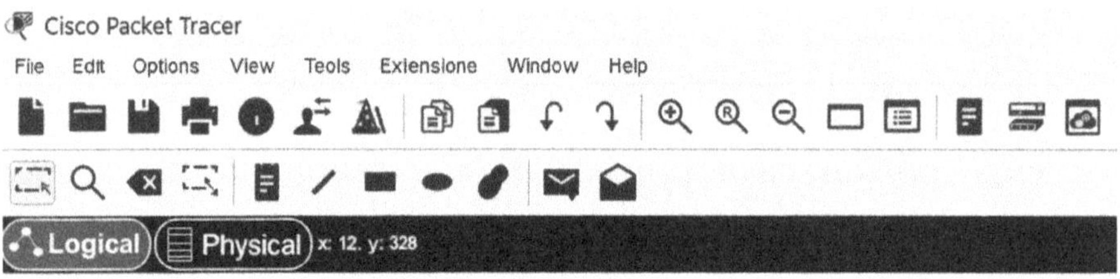

Fonte: Está licenciado em CC BY-SA-NC.

- **File (Arquivo):** Permite criar novos projetos, abrir topologias existentes, salvar arquivos e exportar configurações;
- **Edit (Editar):** Oferece funções padrão de edição, como copiar, colar, desfazer e refazer ações realizadas no projeto;
- **View (Exibir):** Inclui opções para controle de zoom, exibição da topologia lógica ou física e ajustes gerais da interface;
- **Tools (Ferramentas):** Contém recursos avançados, como captura de pacotes e ferramentas para diagnóstico e análise de redes;

- **Help (Ajuda):** Dá acesso à documentação oficial do programa e suporte técnico.

7.4.2 Barra de Dispositivos

A **barra de dispositivos**, localizada na parte inferior da tela do Cisco Packet Tracer, permite adicionar diversos dispositivos de rede à topologia criada. Esses dispositivos estão organizados em categorias para facilitar o acesso e a configuração. As principais categorias incluem:

- **End Devices (Dispositivos Finais):** PCs, laptops, tablets, telefones e outros dispositivos finais que interagem diretamente com a rede;
- ***Switches* (Comutadores):** Modelos variados de *switches* Cisco, como os modelos 2950 e 2960;
- ***Routers* (Roteadores):** Inclui roteadores Cisco como os modelos 1841, 2811 e ISR 4321;
- **Wireless Devices (Dispositivos Sem Fio):** Pontos de acesso, roteadores *wireless* e outros dispositivos para redes sem fio;
- **Network Security (Segurança de Rede):** *Firewalls*, sistemas de detecção de intrusão (IDS) e outros dispositivos voltados à segurança.

Na interface exibida, cada categoria é representada por ícones que podem ser selecionados para acessar os dispositivos disponíveis. Após selecionar um dispositivo, basta arrastá-lo para a área de trabalho para adicioná-lo à topologia. Essa organização facilita a criação e o gerenciamento de redes simuladas no Packet Tracer.

7.4.3 Janela de Topologia

A **janela de topologia** é onde o usuário constrói a rede visualmente. Dispositivos são arrastados e soltos nesta janela, onde podem ser conectados e configurados. A topologia é exibida em tempo real, mostrando as conexões entre os dispositivos e o tráfego de rede, dependendo do modo de simulação.

Figura 7.7 – Janela de Topologia

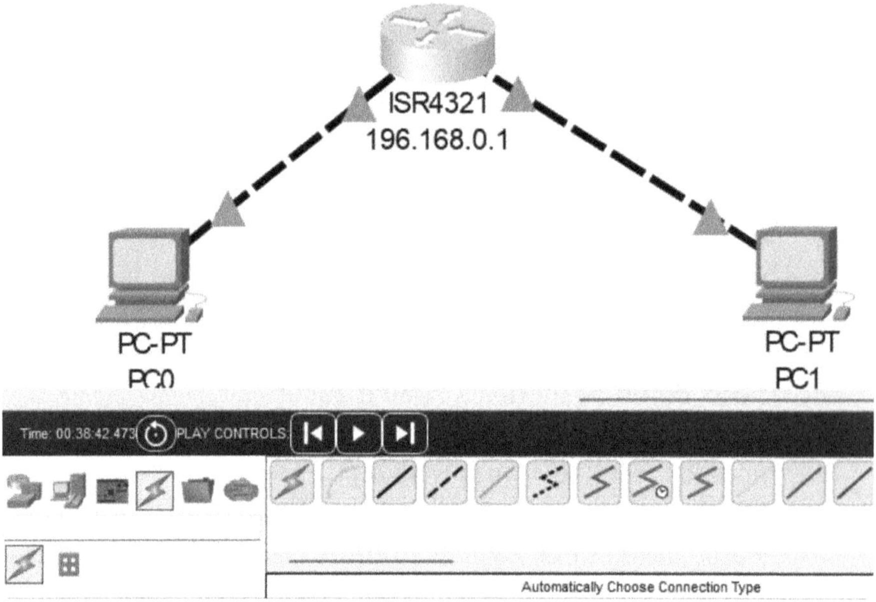

Fonte: Está licenciada sob Creative Commons (CC BY-SA-NC).

A tela de topologia do Cisco Packet Tracer, exibida na área central, é onde os dispositivos de rede são posicionados e conectados, permitindo a criação e visualização lógica ou física da rede simulada.

7.4.4 Modo de Simulação

O **modo de simulação** é uma das ferramentas mais poderosas do Packet Tracer, permitindo que o usuário visualize e analise o comportamento do tráfego de rede em câmera lenta. Isso é útil para entender como os pacotes de dados fluem entre os dispositivos e como diferentes protocolos funcionam.

Figura 7.8 – Modo de Simulação

Fonte: Está licenciada sob Creative Commons (CC BY-SA-NC).

- **Captura de pacotes**: No modo de simulação, é possível capturar pacotes de dados e observar detalhadamente cada camada do modelo OSI;
- **Análise de protocolos**: Verifique como os pacotes de protocolos como **ARP**, **ICMP**, **DNS** e **DHCP** são processados e respondidos pelos dispositivos de rede.

QUESTÕES

1. O que é o Cisco Packet Tracer e para quem ele foi desenvolvido?

2. Quais são os requisitos mínimos de sistema para rodar o Cisco Packet Tracer?

3. Cite os principais sistemas operacionais compatíveis com o Cisco Packet Tracer.

4. Como um usuário pode acessar o Cisco Packet Tracer gratuitamente?

5. Explique os modos de operação disponíveis no Cisco Packet Tracer.

6. Quais são os principais dispositivos que podem ser simulados no Packet Tracer?

7. Como configurar um endereço IP em um PC dentro do Packet Tracer?

8. Quais são as diferenças entre o modo de simulação e o modo de tempo real no Packet Tracer?

9. Explique o processo de criação de uma rede simples no Cisco Packet Tracer.

10. Como salvar um projeto no Packet Tracer?

11. Quais recursos de aprendizado estão disponíveis no Cisco Packet Tracer?

12. Explique o processo de instalação do Cisco Packet Tracer no Windows.

13. Como instalar o Cisco Packet Tracer no Ubuntu?

14. O que é a janela de topologia no Cisco Packet Tracer e para que serve?

15. Qual a função da barra de dispositivos no Packet Tracer?

16. Como os cabos são utilizados no Cisco Packet Tracer para conectar dispositivos?

17. Explique o conceito de *Ping* e como ele é utilizado no Packet Tracer.

18. Qual a importância da configuração de gateways em redes simuladas no Packet Tracer?

19. Como o modo de simulação pode ajudar no entendimento do tráfego de rede?

20. Quais são as vantagens do Packet Tracer em relação a outros simuladores para iniciantes?

Capítulo 8:

CONFIGURAÇÃO BÁSICA DE REDES COM CISCO PACKET TRACER

Neste capítulo, você será introduzido às etapas fundamentais para criar e configurar redes simples utilizando o simulador Cisco Packet Tracer. Este ambiente permite a simulação de cenários de redes reais, facilitando o aprendizado e a prática de configuração de dispositivos de rede. A configuração básica abordada aqui será um ponto de partida para explorar redes mais complexas em capítulos subsequentes.

8.1 CRIAÇÃO DE UMA REDE SIMPLES

A primeira etapa na criação de uma rede no Cisco Packet Tracer é a construção de uma topologia simples. Neste contexto, uma rede simples geralmente envolve a conexão de alguns computadores (*hosts*) a um *switch* ou roteador. A criação de uma rede simples ajuda a entender os princípios fundamentais de conectividade e comunicação entre dispositivos.

Passos básicos:

- Abrir o Cisco Packet Tracer;
- Selecionar e arrastar os dispositivos necessários para a área de trabalho (PCs, *switches* e roteadores);
- Organizar os dispositivos em uma topologia lógica que facilite a compreensão.

Figura 8.1 – Configuração básica

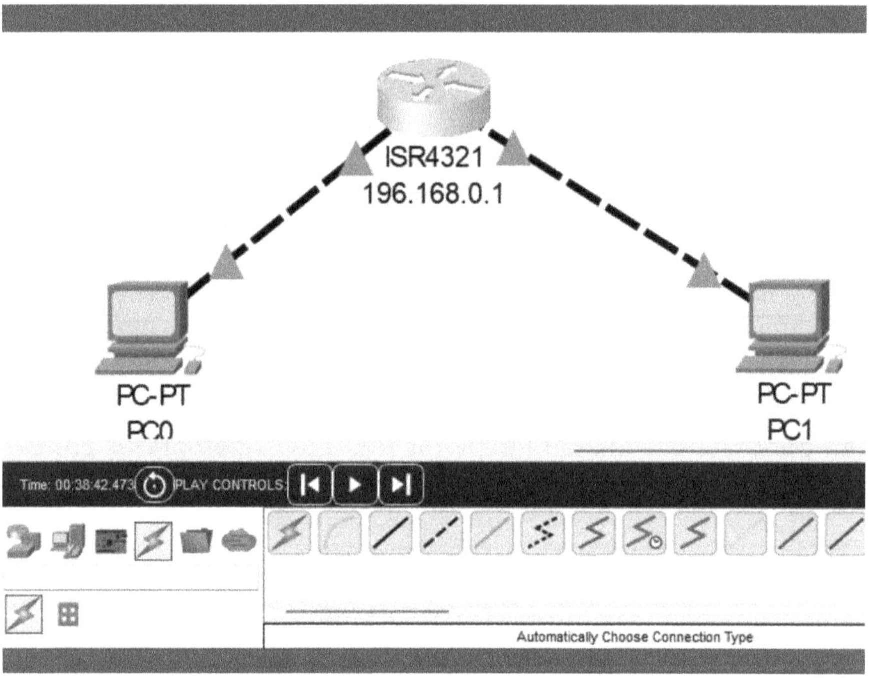

Fonte: Está licenciada sob Creative Commons (CC BY-SA).

Essa configuração servirá de base para aprender como adicionar dispositivos e realizar configurações simples.

8.2 ADICIONANDO E CONFIGURANDO DISPOSITIVOS

Depois de criar uma topologia, o próximo passo é configurar os dispositivos de rede. No Cisco Packet Tracer, isso pode ser feito diretamente por meio da interface gráfica de cada dispositivo.

Configuração de PCs e *Switches*:

- Para PCs, configure os endereços IP. Isso é feito acessando as configurações do dispositivo e especificando um endereço IP e máscara de sub-rede;
- Para *switches*, embora a configuração inicial de um *switch* seja relativamente simples, você aprenderá como acessar a interface de linha de comando (CLI) para definir configurações mais avançadas posteriormente.

Roteadores:

- Adicionar um roteador à rede permitirá testar o roteamento de pacotes entre diferentes sub-redes. A configuração básica envolve o ajuste dos endereços IP nas interfaces e a habilitação do roteamento entre essas interfaces.

8.3 CONEXÕES FÍSICAS E LÓGICAS

O Cisco Packet Tracer oferece a capacidade de realizar tanto conexões físicas quanto lógicas entre os dispositivos. Essas conexões são essenciais para garantir que a comunicação entre os dispositivos possa ocorrer sem problemas.

Conexões físicas:

- Utilize cabos específicos para conectar PCs a *switches* ou roteadores;

- Para a conexão correta, escolha os cabos correspondentes (geralmente o cabo *Ethernet* para conexões entre PCs e *switches*, ou cabos seriais para roteadores).

Conexões lógicas:

- Uma vez estabelecidas as conexões físicas, é necessário configurar o endereçamento lógico (IP) para garantir que os dispositivos possam se comunicar entre si;
- Assegure-se de que cada dispositivo tenha um endereço IP único e esteja na mesma sub-rede para permitir a comunicação dentro de uma mesma rede local.

A configuração básica para esse cenário no Cisco Packet Tracer pode incluir os seguintes passos para interligar e configurar os dispositivos presentes (roteador, *switch* e PCs):

PASSO 1: CONEXÃO DOS DISPOSITIVOS

Conecte os dispositivos:

- Utilize um cabo **crossover** para conectar o roteador ao *switch*;
- Utilize cabos ***straight-through*** para conectar os PCs ao *switch*.

PASSO 2: CONFIGURAÇÃO DO ROTEADOR

No roteador:

Entre no modo de configuração:

```
enable
configure terminal
```

Configure a interface conectada ao *switch* com um endereço IP:

```
interface GigabitEthernet0/0/0
ip address 192.168.1.1 255.255.255.0
no shutdown
exit
```

Ative o roteamento para garantir conectividade.

PASSO 3: CONFIGURAÇÃO DO *SWITCH*

Entre no modo de configuração:

```
enable
configure terminal
```

Configure as portas usadas pelos PCs e o roteador:

```
interface range FastEthernet0/1-3
switchport mode access
no shutdown
exit
```

(Opcional) Configure o *switch* com um endereço IP para gerenciamento:

```
interface vlan 1
ip address 192.168.1.2 255.255.255.0
no shutdown
exit
```

PASSO 4: CONFIGURAÇÃO DOS PCS

Nos PCs (PC0 e PC1):

Acesse a interface de configuração dos PCs.

Configure os endereços IP:

```
PC0: 192.168.1.10, Máscara: 255.255.255.0, Gateway: 192.168.1.1
PC1: 192.168.1.11, Máscara: 255.255.255.0, Gateway: 192.168.1.1
```

PASSO 5: TESTE DE CONECTIVIDADE

Faça o teste de *ping* entre os PCs:

```
ping 192.168.1.11 de PC0 para PC1.
```

Teste o *ping* dos PCs para o roteador:

```
ping 192.168.1.1.
```

8.4 TESTANDO A CONECTIVIDADE (*PING, TRACEROUTE*)

Após a configuração dos dispositivos e das conexões, o próximo passo é testar a conectividade entre os dispositivos da rede. O Cisco Packet Tracer oferece ferramentas como ***Ping*** e ***Traceroute*** para verificar se a comunicação está funcionando corretamente.

PING

O comando ***ping*** é utilizado para testar a conectividade entre dois dispositivos. Ele envia pacotes **ICMP** (Internet Control Message Protocol) ao destino e aguarda uma resposta.

Ao configurar os endereços IP corretamente, você deve ser capaz de realizar um *ping* bem-sucedido entre os dispositivos na mesma rede.

Exemplo de uso no PC0 para testar a conexão com o PC1:

```
ping 192.168.1.11
```

Resultados esperados:

- Resposta bem-sucedida: indica conectividade estabelecida.
- Falha no *ping*: indica problemas na configuração de rede ou conectividade física.

TRACEROUTE

O comando ***traceroute*** permite identificar o caminho que os pacotes estão percorrendo até o destino.

Esse comando é especialmente útil em redes maiores para verificar rotas de tráfego, ajudando na detecção de gargalos ou problemas em roteadores intermediários.

Exemplo de uso no PC0 para rastrear o caminho até o roteador:

```
traceroute 192.168.1.1
```

Resultados esperados:

- Exibição do caminho completo, incluindo dispositivos intermediários;
- Possíveis pontos de falha caso o caminho não seja percorrido corretamente.

Utilize essas ferramentas para validar a conectividade entre os dispositivos configurados na rede. Caso encontre falhas, revise as configurações de IP, conexões físicas e protocolos.

8.5 SOLUÇÃO DE PROBLEMAS COMUNS

Durante o processo de configuração, podem ocorrer erros que impedem a comunicação adequada entre os dispositivos. Alguns dos problemas comuns que podem ser enfrentados incluem:

- Endereços IP configurados incorretamente;
- Máscaras de sub-rede erradas;
- Falha nas conexões físicas (cabos conectados incorretamente);
- Dispositivos desligados ou não configurados adequadamente.

Ao final deste capítulo, você deverá ser capaz de criar uma rede simples e realizar as configurações básicas de dispositivos utilizando o Cisco Packet Tracer. Esse é um conhecimento fundamental para entender os conceitos de redes e preparar-se para configurações mais avançadas nos próximos capítulos.

QUESTÕES

1. Qual é a finalidade de criar uma rede simples no Cisco Packet Tracer?

____

____

____

2. Quais dispositivos são necessários para configurar uma rede LAN básica no Packet Tracer?

____

____

____

3. Explique o processo para adicionar dispositivos na área de trabalho do Packet Tracer.

____

____

____

4. Quais tipos de cabos podem ser usados no Packet Tracer para conectar dispositivos?

5. Como configurar o endereço IP em um computador no Packet Tracer?

6. O que é um gateway padrão e por que ele é importante em uma rede?

7. Quais passos são necessários para configurar um *switch* em uma rede simples?

8. O que é uma interface VLAN no *switch* e como configurá-la?

9. Explique como realizar um teste de conectividade entre dois PCs usando o comando *ping*.

10. Quais informações são necessárias para configurar um roteador básico no Packet Tracer?

11. Como verificar a conectividade entre dispositivos usando o modo de simulação no Packet Tracer?

12. Quais são os passos básicos para conectar PCs a um *switch* e configurá-los para comunicação?

13. Explique como adicionar uma descrição a uma interface em um roteador.

14. Por que é importante testar a conectividade após configurar uma rede?

15. Qual o comando para ativar uma interface no roteador no Packet Tracer?

16. Como identificar erros na configuração de endereços IP em uma rede simulada?

17. Quais são os benefícios de usar *switches* gerenciáveis em redes básicas simuladas no Packet Tracer?

18. Explique a diferença entre conexões lógicas e físicas no Packet Tracer.

19. Como configurar um roteador para rotear entre duas redes diferentes no Packet Tracer?

20. Quais problemas comuns podem ocorrer ao configurar uma rede simples no Packet Tracer e como solucioná-los?

Capítulo 9:

CONFIGURAÇÃO AVANÇADA DE REDES COM CISCO PACKET TRACER

Este capítulo explora configurações avançadas em redes utilizando o Cisco Packet Tracer. A partir da base sólida adquirida no Capítulo 8, você será guiado pelas etapas de configuração de dispositivos de rede complexos, como roteadores e *switches*, além de implementar VLANs, roteamento e mecanismos de segurança. O foco será preparar você para criar redes que simulam ambientes corporativos e institucionais, com funcionalidades robustas e práticas de segurança.

9.1 CONFIGURAÇÃO DE ROTEADORES E *SWITCHES*

Os roteadores e *switches* desempenham um papel central em redes mais avançadas. Configurar adequadamente esses dispositivos é essencial para garantir o roteamento eficaz de dados e o gerenciamento do tráfego de rede.

Configuração de Roteadores

1. **Acesso à CLI:**

Acesse a interface de linha de comando (**CLI**) do roteador para configurar as interfaces.

2. **Configuração das Interfaces:**

Cada interface deve ter um endereço IP específico para possibilitar o roteamento entre diferentes redes.

Utilize os seguintes comandos:

```
interface [nome da interface]
ip address [endereço IP] [máscara de sub-rede]
no shutdown
exit
```

3. **Roteamento Estático:**

O roteamento estático é uma técnica em que as rotas são manualmente configuradas em cada roteador.

Use o comando:

```
ip route [rede de destino] [máscara de sub-rede] [próximo
salto]
```

Exemplo:

```
ip route 192.168.2.0 255.255.255.0 192.168.1.2
```

Configuração de *Switches*

1. **Funções dos *Switches*:**

No Cisco Packet Tracer, os *switches* são configurados para gerenciar o tráfego de rede de forma eficiente.

2. **Configuração Básica:**

Para preparar o *switch*, acesse sua CLI e configure suas interfaces:

```
interface range FastEthernet0/1-24
switchport mode access
no shutdown
exit
```

3. **Configuração de VLANs:**

Um dos recursos mais úteis dos *switches* é a configuração de **VLANs (Virtual Local Area Networks)**, que será detalhada na próxima seção.

Com essas configurações, os roteadores e *switches* estarão prontos para gerenciar o tráfego de dados e permitir a comunicação eficaz entre diferentes dispositivos na rede. Ajustes mais avançados, como VLANs ou roteamento dinâmico, podem ser adicionados conforme necessário.

9.2 IMPLEMENTAÇÃO DE VLANS

Conceito de VLAN

As VLANs (Virtual Local Area Networks) são usadas para segmentar uma rede física em múltiplas redes lógicas, melhorando a organização, a segurança e o desempenho. Por exemplo, em uma empresa, diferentes VLANs podem ser criadas para separar os departamentos de Vendas, TI e Recursos Humanos, garantindo isolamento e controle de tráfego.

Exemplo Prático: Configuração de VLANs

Considere um *switch* com 24 portas. Você deseja criar três VLANs:

- **VLAN 10** para o departamento de Vendas (portas 1-8);
- **VLAN 20** para TI (portas 9-16);
- **VLAN 30** para RH (portas 17-24).

Passo a Passo: Configuração de VLANs no Cisco CLI

1. ACESSE O *SWITCH* E ENTRE NO MODO DE CONFIGURAÇÃO GLOBAL:

```
enable
configure terminal
```

2. CRIE AS VLANS E ATRIBUA UM NOME DESCRITIVO:

```
vlan 10
name VENDAS
exit

vlan 20
name TI
exit

vlan 30
name RH
exit
```

3. ATRIBUA AS PORTAS ÀS RESPECTIVAS VLANS:

```
interface range fastethernet 0/1-8
switchport mode access
switchport access vlan 10
exit
```

```
interface range fastethernet 0/9-16
switchport mode access
switchport access vlan 20
exit

interface range fastethernet 0/17-24
switchport mode access
switchport access vlan 30
exit
```

4. VERIFIQUE A CONFIGURAÇÃO:

Show vlan brief

Configuração de *Trunking*

Se você conectar esse *switch* a outro *switch*, precisará configurar uma interface de *trunk* para permitir que múltiplas VLANs trafeguem entre os dispositivos.

1. Configuração de *trunk* na interface de uplink:

```
interface fastethernet 0/25
switchport mode trunk
```

2. Teste a conectividade:

Use *ping* entre dispositivos em VLANs distintas por meio de um roteador ou *switch* com roteamento ativado.

9.3 CONFIGURAÇÃO DE ROTEAMENTO ESTÁTICO E DINÂMICO

9.3.1 Roteamento Estático: Exemplo Prático

Introdução ao Roteamento Estático

O roteamento estático é importante para o gerenciamento de redes de computadores, especialmente em cenários em que a simplicidade, o controle direto e a estabilidade são prioridades. Em ambientes de redes menores, como escritórios locais ou redes domésticas, a implementação de rotas estáticas permite que administradores determinem manualmente como os dados devem trafegar entre diferentes sub-redes. Essa abordagem é particularmente valiosa quando a topologia da rede é fixa, ou seja, as conexões e dispositivos raramente mudam.

Contexto

No exemplo prático apresentado, imagine uma organização com dois departamentos distintos, cada um conectado a um roteador que gerencia uma sub-rede separada:

- **Roteador A:** Sub-rede 192.168.1.0/24;
- **Roteador B:** Sub-rede 192.168.2.0/24.

Essas sub-redes precisam se comunicar, permitindo que dispositivos, como computadores ou impressoras, em uma sub-rede acessem recursos localizados na outra. Em vez de utilizar roteamento dinâmico, que pode ser excessivo ou complexo para esse cenário, o roteamento estático oferece uma solução controlada e eficiente.

Por que utilizar roteamento estático?

- **Simplicidade:** Com apenas dois roteadores e duas sub-redes, a topologia é fácil de gerenciar manualmente;

- **Estabilidade:** Como a rede não sofre alterações frequentes, o roteamento estático evita a sobrecarga de protocolos dinâmicos;
- **Controle:** Cada rota é configurada de forma explícita, permitindo ao administrador assegurar que o tráfego siga o caminho desejado.

Cenário Detalhado

1. **Configuração no Roteador A:**

Crie uma rota estática para a sub-rede gerenciada pelo Roteador B:

```
configure terminal
ip route 192.168.2.0 255.255.255.0 10.0.0.2
exit
```

Esse comando instrui o Roteador A a enviar pacotes destinados à sub-rede 192.168.2.0/24 para o endereço 10.0.0.2, que é a interface conectada ao Roteador B.

2. **Configuração no Roteador B:**

Crie uma rota estática para a sub-rede gerenciada pelo Roteador A:

```
configure terminal
ip route 192.168.1.0 255.255.255.0 10.0.0.1
exit
```

Esse comando garante que pacotes da sub-rede 192.168.1.0/24 possam trafegar para a sub-rede 192.168.2.0/24.

3. **Teste de Conectividade:**

Após configurar as rotas, use o comando *ping* entre dispositivos nas duas sub-redes para validar a comunicação, assegurando que os pacotes estejam sendo roteados corretamente.

Exemplo de teste no PC da sub-rede 192.168.1.0/24:

```
ping 192.168.2.10
```

Conclusão

O exemplo ilustra como o roteamento estático, apesar de ser uma abordagem básica, é uma solução poderosa em topologias simples. Ele oferece controle direto e confiabilidade na gestão do tráfego entre sub-redes, sendo uma aplicação prática para estudantes e profissionais que estão começando a explorar a configuração de redes e o funcionamento de roteadores.

9.3.2 Roteamento Dinâmico: Configurando RIP

Introdução ao Roteamento Dinâmico

O roteamento dinâmico é uma alternativa ao roteamento estático, permitindo que os roteadores ajustem automaticamente as rotas com base nas mudanças na topologia da rede. O **RIP (Routing Information Protocol)** é um dos protocolos mais simples utilizados para este fim, baseado no algoritmo de vetor de distância. Apesar de ser eficiente para redes pequenas e moderadas, ele apresenta limitações em redes maiores devido ao método de atualização periódica, que pode gerar maior latência e congestionamento.

Simplicidade do RIP

- **Configuração fácil:** Bastam poucos comandos para habilitar e configurar o protocolo;

- **Automatização:** Atualizações de rotas acontecem automaticamente entre os roteadores.

Limitações do RIP

- **Tamanho da rede:** Limite de 15 saltos para as rotas, tornando-o inadequado para redes complexas;
- **Atualizações frequentes:** Atualizações a cada 30 segundos podem sobrecarregar a rede em algumas situações.

Cenário Prático

Neste exemplo, configuraremos o protocolo RIP para que dois roteadores compartilhem informações de roteamento e possibilitem a comunicação entre as sub-redes:

- **Roteador A:** Sub-rede 192.168.1.0/24;
- **Roteador B:** Sub-rede 192.168.2.0/24;
- Conexão entre os roteadores via a rede 10.0.0.0/24.

PASSO A PASSO

1. Habilitar o RIP nos Roteadores

No **Roteador A**:

```
configure terminal
router rip
network 192.168.1.0
network 10.0.0.0
exit
```

No **Roteador B**:

```
configure terminal
router rip
network 192.168.2.0
```

```
network 10.0.0.0
exit
```

Esses comandos ativam o protocolo RIP nos roteadores e definem as redes que devem ser compartilhadas por meio do protocolo.

2. Verificar a Tabela de Roteamento

Para verificar se o RIP foi configurado corretamente e se as rotas estão sendo compartilhadas entre os roteadores, utilize o comando:

show ip route

Na saída, procure:

- **Entradas marcadas com R:** Essas são as rotas aprendidas dinamicamente via RIP;
- **Próximo salto:** O IP que indica o próximo roteador no caminho para a rede de destino;
- **Métrica de saltos:** Mostra o número de roteadores intermediários entre a origem e o destino.

3. Teste de Conectividade

- Use o comando ping entre dispositivos das sub-redes 192.168.1.0/24 e 192.168.2.0/24 para confirmar que os pacotes estão sendo roteados corretamente.

Exemplo:

```
ping 192.168.2.10
```

Se configurado corretamente, o *ping* será bem-sucedido, indicando que as rotas estão operacionais e os roteadores estão compartilhando informações de roteamento.

Conclusão

O roteamento dinâmico com RIP simplifica a gestão de redes ao permitir que os roteadores ajustem automaticamente suas rotas com base nas mudanças na topologia. Apesar de suas limitações, o RIP é uma solução eficiente para redes menores e ambientes estáveis. Este exemplo demonstra como habilitar o RIP em roteadores para conectar sub-redes de forma eficiente e flexível, servindo como ponto de partida para configurações mais avançadas no futuro.

9.3.3 Roteamento Dinâmico: Configuração de OSPF

Introdução ao OSPF

O OSPF (Open Shortest Path First) é um protocolo de roteamento dinâmico amplamente utilizado em redes maiores e mais complexas. Ele é baseado no algoritmo de estado de enlace e é projetado para encontrar o caminho mais curto entre os roteadores de uma rede. Diferentemente do RIP, o OSPF suporta escalabilidade significativa e oferece atualizações eficientes, tornando-o ideal para redes corporativas ou de grande porte.

Cenário Prático

Neste exemplo, consideraremos uma topologia com três roteadores interconectados, onde cada roteador gerencia uma área OSPF específica. Todas as áreas estão conectadas à **área backbone (área 0)**, garantindo a comunicação entre elas.

PASSO A PASSO

1. Habilitar o OSPF e Configurar as Áreas

No **Roteador 1**:

```
configure terminal
router ospf 1
```

```
network 192.168.1.0 0.0.0.255 area 0
network 10.0.0.0 0.0.0.255 area 0
exit
```

Nos outros roteadores, adicione as sub-redes correspondentes às suas áreas e conecte-as à área 0. Por exemplo:

No **Roteador 2**:

```
configure terminal
router ospf 1
network 192.168.2.0 0.0.0.255 area 1
network 10.0.1.0 0.0.0.255 area 0
exit
```

No **Roteador 3**:

```
configure terminal
router ospf 1
network 192.168.3.0 0.0.0.255 area 2
network 10.0.2.0 0.0.0.255 area 0
exit
```

2. Teste a Conectividade

- Use o comando *ping* para verificar a comunicação entre sub-redes gerenciadas por diferentes roteadores.
- Analise as rotas OSPF com os comandos:

```
show ip ospf neighbor
show ip route ospf
```

Esses comandos exibem informações sobre os vizinhos OSPF e as rotas aprendidas dinamicamente por meio do protocolo.

Conclusão

O OSPF é uma solução poderosa para o roteamento dinâmico em redes grandes e complexas. Sua escalabilidade e eficiência tornam-no indispensável para cenários corporativos, garantindo comunicação confiável e de alto desempenho. Com a adição deste exemplo, abordamos as configurações básicas para VLANs, roteamento estático e dinâmico (RIP e OSPF), cobrindo uma ampla gama de aplicações em ambientes de rede.

9.4 CONFIGURAÇÃO DE SEGURANÇA (ACLS, *FIREWALLS*)

A segurança em redes é um aspecto crucial, especialmente em ambientes corporativos. Neste tópico, você aprenderá a implementar ACLs (Access Control Lists) e *Firewalls* no Cisco Packet Tracer para controlar o acesso à rede e proteger os dados.

Configuração de ACLs

- **Função das ACLs:** As listas de controle de acesso (ACLs) são usadas para permitir ou negar o tráfego com base em parâmetros específicos, como endereços IP, portas ou protocolos;
- **Criação de uma ACL:** No modo de configuração global do roteador, use o seguinte comando:

```
access-list [número] [permit/deny] [origem] [máscara]
```

Por exemplo, para permitir tráfego da sub-rede 192.168.1.0/24, utilize:

```
access-list 10 permit 192.168.1.0 0.0.0.255
```

- **Aplicação de uma ACL:** Aplique a ACL a uma interface do roteador para controlar o tráfego que entra ou sai. Utilize o comando:

```
ip access-group [número] [in/out]
```

Por exemplo, para aplicar a ACL 10 à interface GigabitEthernet0/0 para entrada de tráfego:

```
interface GigabitEthernet0/0
ip access-group 10 in
```

- **Verificação:** Após a configuração, verifique as ACLs ativas e seus contadores de tráfego com:

```
show access-lists
```

Configuração de *Firewalls*

Embora o Cisco Packet Tracer tenha recursos limitados em termos de *firewalls* completos, é possível simular a proteção básica contra o tráfego indesejado utilizando ACLs e a configuração de regras de roteamento. Aqui estão algumas diretrizes:

- **Simulação de Firewall:** Combine ACLs para restringir tráfego indesejado, como bloquear acessos externos a portas específicas ou limitar o tráfego entre sub-redes sensíveis.
- **Criação de Políticas de Regras:** Configure políticas específicas, como bloquear tráfego ICMP (*ping*) de redes externas:

```
access-list 100 deny icmp any any
access-list 100 permit ip any any
```

- **Aplicação no Tráfego:** Aplique a política à interface que conecta a rede externa:

```
interface Serial0/0
ip access-group 100 in
```

- **Teste de Configuração:** Utilize ferramentas como o comando *ping* ou *traceroute* para validar que o tráfego bloqueado está efetivamente sendo filtrado pelas regras configuradas.

Com essas configurações, é possível implementar um controle básico de segurança em redes simuladas no Cisco Packet Tracer, criando um ambiente mais seguro e funcional para testes e aprendizado.

9.5 SOLUÇÃO DE PROBLEMAS E TESTES

Após configurar roteadores, *switches*, VLANs e mecanismos de segurança, é essencial realizar testes e solucionar problemas comuns para garantir o funcionamento correto da rede.

Ferramentas de Teste

- ***Ping* e *Traceroute*:** Ferramentas fundamentais para testar a conectividade e o roteamento entre redes. Utilize o *ping* para verificar se os dispositivos podem se comunicar e o *traceroute* para identificar o caminho percorrido pelos pacotes.

Exemplo de comando:

```
ping 192.168.2.10
traceroute 192.168.2.10
```

- **Verificação de Regras de Segurança:** Confirme se as ACLs configuradas estão aplicadas corretamente, permitindo ou bloqueando o tráfego conforme esperado.

Solução de Problemas

1. **Configurações de IP e Sub-redes:**

- Certifique-se de que os endereços IP e máscaras de sub-rede estão corretos para cada dispositivo e interface;
- Utilize o comando show ip interface brief para verificar as configurações e o status das interfaces nos roteadores e *switches.*

2. **ACLs (Access Control Lists):**

- Verifique se as ACLs estão aplicadas à interface correta e se não estão bloqueando tráfego legítimo acidentalmente;
- Utilize o comando show access-lists para revisar as regras e os contadores de pacotes.

3. **Rotas Configuradas:**

- Certifique-se de que as rotas estáticas ou dinâmicas estão configuradas corretamente;
- No caso de roteamento dinâmico, confirme que os protocolos como RIP ou OSPF estão habilitados e operando conforme esperado;
- Use o comando show ip route para verificar as rotas disponíveis no roteador.

4. **Teste de Comunicação:**

- Teste o fluxo de pacotes entre sub-redes para validar o roteamento. Use comandos como *ping* e *traceroute* para diagnosticar problemas de conectividade.

5. **Logs e Mensagens de Erro:**

- Analise os logs do sistema nos roteadores e *switches* para identificar mensagens de erro ou alertas. O comando show logging pode ajudar a identificar problemas específicos.

Dicas Gerais

- Sempre valide cada etapa de configuração com testes práticos para identificar e corrigir erros rapidamente;
- Documente as configurações aplicadas, incluindo ACLs, rotas e interfaces, para facilitar a manutenção e solução de problemas futuros.

Conclusão

Neste capítulo, exploramos as configurações avançadas de rede utilizando o Cisco Packet Tracer, como roteadores, *switches*, VLANs, roteamento estático e dinâmico, além de mecanismos de segurança com ACLs e *Firewalls*. Também discutimos a importância de testes e resolução de problemas para garantir a funcionalidade e segurança da rede.

Ao dominar essas técnicas, você estará preparado para implementar redes complexas e testar cenários semelhantes aos encontrados em ambientes corporativos e institucionais. No próximo capítulo, aplicaremos esses conceitos em estudos de caso e projetos práticos para solidificar seu conhecimento. Neste capítulo, exploramos as configurações avançadas de rede utilizando o Cisco Packet Tracer, como roteadores, *switches*, VLANs, roteamento estático e dinâmico, além de mecanismos de segurança com ACLs e *Firewalls*. Ao dominar essas técnicas, você estará preparado para implementar redes complexas, testando cenários semelhantes aos encontrados em ambientes corporativos e institucionais. No próximo capítulo, aplicaremos esses conceitos em estudos de caso e projetos práticos para solidificar o seu conhecimento.

QUESTÕES

1. O que são VLANs e qual a sua importância em redes corporativas?

2. Como configurar uma VLAN em um *switch* no Packet Tracer?

3. Explique o conceito de *trunking* e como configurá-lo em uma interface de *switch*.

4. Qual é a finalidade de roteamento inter-VLAN e como ele é implementado?

5. Quais são as diferenças entre roteamento estático e dinâmico?

6. Como configurar uma rota estática em um roteador no Packet Tracer?

7. Explique o funcionamento básico do protocolo RIP e a sua configuração no Packet Tracer.

8. Quais são as vantagens do protocolo OSPF em comparação com o RIP?

9. Como configurar OSPF em um roteador no Packet Tracer?

10. O que é ACL (Access Control List) e para que é utilizada?

11. Como criar e aplicar uma ACL padrão em um roteador?

12. Explique a diferença entre ACL padrão e ACL estendida.

13. Qual o comando para verificar as ACLs configuradas em um roteador?

14. Como configurar NAT (Network Address Translation) em um roteador?

15. O que é QoS (Quality of Service) e como ela pode ser implementada no Packet Tracer?

16. Explique o conceito de redundância e como configurá-la em *switches* com o protocolo STP.

17. Como o protocolo DHCP é configurado em um roteador para fornecer IPs automaticamente?

18. Qual a diferença entre *trunk* e acesso em uma interface de *switch*?

19. Quais são os passos básicos para configurar segurança em um *switch*?

20. Como testar e solucionar problemas de conectividade em uma rede com VLANs e roteamento inter-VLAN?

Capítulo 10:

GNS3 – UMA FERRAMENTA PODEROSA PARA SIMULAÇÃO E EMULAÇÃO DE REDES

10.1 INTRODUÇÃO AO GNS3

O GNS3 (Graphical Network Simulator 3) é uma plataforma robusta de emulação de redes utilizada amplamente por engenheiros, administradores de redes e estudantes para criar, testar e aprender sobre ambientes de redes. Sua capacidade de emular dispositivos reais torna-o uma alternativa às ferramentas tradicionais, como o Cisco Packet Tracer, especialmente para projetos complexos. Conforme Stallings (2014), "a emulação de redes é um componente essencial no aprendizado moderno de redes, permitindo que os usuários experimentem com segurança configurações que seriam impraticáveis ou caras em *hardware* físico."

10.2 CARACTERÍSTICAS E BENEFÍCIOS DO GNS3

- **Suporte para dispositivos reais:** Permite a utilização de imagens reais de sistemas operacionais, como IOS da Cisco e outros dispositivos de fabricantes como Juniper e Fortinet;
- **Integração com redes físicas:** Conecta dispositivos simulados a redes reais, criando ambientes híbridos;
- **Flexibilidade:** Adequado para ambientes acadêmicos e empresariais;
- **Gratuito e de código aberto:** Disponível para todos os sistemas operacionais principais.

10.3 INSTALAÇÃO E CONFIGURAÇÃO INICIAL

10.3.1 Requisitos do Sistema

- **Processador:** Dual-core, 2.0 GHz ou superior.
- **Memória RAM:** Mínimo de 8 GB (16 GB recomendado para grandes simulações).
- **Espaço em disco:** 20 GB.
- **Sistemas operacionais suportados:** Windows 10/11, Linux (Ubuntu 20.04+), macOS Monterey ou superior.

10.3.2 Etapas de Instalação

1. Acesse o site oficial do GNS3 (https://www.gns3.com);
2. Baixe o instalador adequado ao seu sistema operacional;
3. Execute o instalador e selecione as opções padrão para instalação;
4. Configure o GNS3 *VM* (*Virtual Machine*) para melhorar a performance e possibilitar integração com outros sistemas operacionais;

10.3.3 Configuração Inicial

1. Abra o GNS3 pela primeira vez e configure os caminhos para os binários do *Dynamips*, *QEMU* e *VMware/VirtualBox*;
2. Importe as imagens do IOS ou outros dispositivos que deseja utilizar;
3. Configure a integração com o GNS3 *VM* para emulação mais robusta, especialmente em cenários que envolvam múltiplos roteadores ou *switches*.

10.4 CRIANDO SUA PRIMEIRA TOPOLOGIA NO GNS3

Neste exemplo, criaremos uma rede LAN com dois roteadores e um *switch*, conectando duas sub-redes.

10.4.1 Passo a Passo

1. **Adicionando dispositivos:**

- Clique no ícone "*All Devices*" no painel esquerdo;
- Arraste dois roteadores (Cisco 7200) para o painel de trabalho;
- Arraste um *switch Ethernet* e dois PCs.

2. **Conectando dispositivos:**

- Clique no ícone de conexão;
- Conecte os roteadores ao *switch* com cabos *Ethernet*;
- Conecte cada PC ao switch.

3. **Configurando endereços IP:**

- Clique com o botão direito em cada PC, selecione "*Configure*" e insira os endereços IP e gateway;
- Nos roteadores, acesse a interface de linha de comando (CLI) e configure endereços IP em cada interface conectada.

4. **Testando a conectividade:**

- Use o comando *ping* para testar a comunicação entre os PCs e os roteadores.

10.4.2 Casos Práticos

Configuração de VLANs

Configurar VLANs ajuda a segmentar o tráfego em redes.

Acesse a CLI do *switch* e insira os seguintes comandos:

```
enable
configure terminal
vlan 10
name Marketing
vlan 20
name TI
interface FastEthernet0/1
switchport mode access
switchport access vlan 10
exit
```

Teste conectividade entre dispositivos na mesma VLAN e entre VLANs através de um roteador (roteamento inter-VLAN).

10.4.3 Configuração de Roteamento Dinâmico (OSPF)

OSPF (Open Shortest Path First) é ideal para redes grandes e dinâmicas.

No roteador:

```
enable
configure terminal
router ospf 1
network 192.168.1.0 0.0.0.255 area 0
```

```
exit
Valide as rotas:
show ip route
```

10.5 SIMULAÇÃO DE REDES CORPORATIVAS

Crie uma topologia que conecta três escritórios remotos usando VPNs site-to-site:

PASSO A PASSO

10.5.1 Criação da topologia:

- Adicione três roteadores (R1, R2 e R3) no GNS3, representando os escritórios remotos;
- Conecte os roteadores utilizando links seriais ou interfaces *Ethernet* (dependendo da simulação);
- Atribua um *switch* e um PC a cada escritório para simular dispositivos locais.

10.5.2 Configuração dos endereços IP:

No **Roteador R1**:

```
interface GigabitEthernet0/0
ip address 192.168.1.1 255.255.255.0
no shutdown
exit
interface Serial0/0/0
ip address 10.1.1.1 255.255.255.252
clock rate 64000
no shutdown
exit
```

- Repita para **R2** e **R3**, garantindo que os endereços IP sejam compatíveis e únicos nas interfaces conectadas.

10.5.3 Configuração do IPsec:

Em cada roteador, configure uma política de criptografia:

```
crypto isakmp policy 10
encryption aes
hash sha
authentication pre-share
group 2
lifetime 86400
exit
```

Configure uma chave pré-compartilhada:

```
crypto isakmp key VPN_KEY address 10.1.1.2
```

Configure um mapa de criptografia:

```
crypto ipsec transform-set TS esp-aes esp-sha-hmac
crypto map VPN 10 ipsec-isakmp
set peer 10.1.1.2
set transform-set TS
match address 100
exit
```

Aplique o mapa de criptografia na interface externa:

```
interface Serial0/0/0
crypto map VPN
exit
```

10.5.4 Configuração das ACLs:

- Em cada roteador, configure uma ACL para identificar o tráfego que será protegido pela VPN:

```
access-list 100 permit ip 192.168.1.0 0.0.0.255 192.168.2.0
0.0.0.255
```

10.5.5 Testando o túnel VPN:

- Use o comando *ping* de um PC no escritório 1 para um PC no escritório 2 (192.168.2.x).
- Verifique se o túnel foi estabelecido:

```
show crypto isakmp sa
show crypto ipsec sa
```

10.5.6 Validação da criptografia:

- Monitore os pacotes criptografados e descriptografados usando o comando:

```
show crypto ipsec sa
```

- Certifique-se de que o tráfego entre os escritórios está sendo protegido pelo túnel IPsec.

Dicas Avançadas

- **Integração com Ansible**: Automatize configurações em larga escala.
- **Simulação de Falhas**: Teste cenários de redundância com protocolos como HSRP ou VRRP.

- **Gerenciamento de Tráfego**: Implemente QoS para priorizar aplicações críticas.

Quadro 10.1 – Comparativo com Outras Ferramentas

Característica	GNS3	Cisco Packet Tracer	EVE-NG
Fidelidade	Alta	Média	Alta
Suporte a múltiplos fabricantes	Sim	Não	Sim
Requisitos de *hardware*	Moderados a Altos	Baixos	Altos
Facilidade de Uso	Média	Alta	Média

Fonte: Elaborado pelo autor, 2025.

Limitações do GNS3

- **Curva de aprendizado**: Pode ser intimidante para iniciantes;
- **Consumo de recursos**: Requer *hardware* robusto para grandes simulações;
- **Configuração inicial**: Integração com GNS3 VM e imagens pode ser complexa.

Conclusão

O GNS3 é uma ferramenta indispensável para profissionais de redes que buscam aprimorar suas habilidades em um ambiente realista e controlado. Sua flexibilidade e escalabilidade permitem que atenda tanto a novatos quanto a especialistas em TI. Com a possibilidade de emular redes reais e simular cenários complexos, o GNS3 continua sendo uma escolha ideal para aprendizado e desenvolvimento.

QUESTÕES

1. O que é o GNS3 e qual a sua principal finalidade?

2. Quais são os principais benefícios do GNS3 em relação ao Cisco Packet Tracer?

3. Quais são os requisitos mínimos para rodar o GNS3 em um computador?

4. Como configurar a integração do GNS3 com o GNS3 VM?

5. Explique o conceito de emulação de redes no GNS3.

6. Quais tipos de dispositivos podem ser emulados no GNS3?

7. Como criar uma topologia básica no GNS3?

8. Explique como configurar VLANs em um *switch* no GNS3.

9. Quais são os passos para configurar OSPF em um roteador no GNS3?

10. Qual é a importância de testar a conectividade entre dispositivos em uma simulação no GNS3?

11. Como o GNS3 pode ser usado para criar redes híbridas (físicas e virtuais)?

12. O que é um túnel VPN e como configurá-lo no GNS3?

13. Quais são as limitações do GNS3 em comparação com outras ferramentas de simulação de redes?

14. Explique a funcionalidade de *"trunk"* em *switches* configurados no GNS3.

15. Como validar rotas configuradas em um ambiente simulado no GNS3?

16. Quais são os benefícios do uso de IPsec em redes simuladas?

17. Como configurar ACLs para segurança de rede no GNS3?

18. O que é roteamento dinâmico e como configurá-lo no GNS3?

19. Explique como testar a criptografia de um túnel VPN no GNS3.

20. Quais são as aplicações práticas do GNS3 em ambientes empresariais?

Capítulo 11:

EVE-NG – EMULAÇÃO AVANÇADA DE REDES

11.1 INTRODUÇÃO AO EVE-NG

Objetivos de Aprendizado

Este capítulo tem como objetivo proporcionar uma compreensão abrangente sobre o EVE-NG, incluindo a sua instalação, configuração e aplicação prática em diferentes cenários. O leitor será capacitado a:

- Identificar as principais funcionalidades do EVE-NG e suas vantagens;
- Executar a instalação e configuração do ambiente de emulação;
- Criar e gerenciar topologias de rede virtuais, integrando dispositivos simulados e reais;
- Utilizar o EVE-NG para práticas voltadas a certificações profissionais e testes corporativos.

O EVE-NG (Emulated Virtual Environment Next Generation) é uma plataforma avançada de emulação de redes, amplamente reconhecida por sua flexibilidade e capacidade de criar ambientes realistas de teste e aprendizado. Essa ferramenta é utilizada por engenheiros de redes, estudantes e profissionais de TI para desenvolver, simular e validar configurações de redes complexas. Disponível em duas versões, ***Community Edition*** (gratuita) e ***Professional Edition*** (paga), o EVE-NG atende a diferentes níveis de necessidades, desde pequenos laboratórios educacionais até grandes projetos corporativos.

Conforme Stallings (2014), "a emulação de redes é um componente essencial no aprendizado moderno de redes, permitindo que os usuários experimentem com segurança configurações que seriam impraticáveis ou caras em *hardware* físico".

11.2 CARACTERÍSTICAS PRINCIPAIS DO EVE-NG

1. **Emulação de Redes Complexas:** Permite criar redes virtuais com centenas de dispositivos, como roteadores, *switch*es, *firewalls* e servidores. Por exemplo, é possível simular a rede de um *data center* completo com múltiplas VLANs e conexões redundantes;
2. **Interface Gráfica *Web-Based*:** Oferece acesso remoto e gerenciamento por navegadores. Em um cenário prático, um administrador pode configurar uma topologia enquanto trabalha remotamente em um laptop ou tablet;
3. **Suporte a Múltiplos Fabricantes:** Compatível com dispositivos de Cisco, Juniper, Fortinet, Palo Alto, entre outros. Por exemplo, pode-se configurar um ambiente híbrido com roteadores Cisco e *firewalls* Fortinet para avaliar compatibilidade e desempenho;
4. **Integração Multiusuário:** Permite colaboração simultânea. Em ambientes educacionais, instrutores e alunos podem trabalhar juntos em um laboratório compartilhado para aprendizado colaborativo;
5. **Compatibilidade com *SDN* e *NFV*:** Adequado para testes em redes modernas, como aquelas definidas por *software. Um exemplo seria a criação de um controlador SDN* para gerenciar *switches OpenFlow*;

6. **Integração com Redes Físicas:** Possibilita a conexão de redes simuladas a dispositivos reais. Por exemplo, testar um novo modelo de roteador físico em um ambiente virtual antes de colocá-lo em produção.

11.3 INSTALAÇÃO E CONFIGURAÇÃO INICIAL

Requisitos do Sistema

Para utilizar o EVE-NG de forma eficiente, é necessário dispor de um *hardware* compatível com os seguintes requisitos:

- **Processador:** Mínimo de 4 núcleos (8 recomendados);
- **Memória RAM:** 16 GB (32 GB para grandes simulações);
- **Armazenamento:** 100 GB *SSD* ou superior;
- **Sistema Operacional:** Ubuntu Server 20.04 (recomendado para o *Community Edition*).
- **Conexão de Rede:** Necessária para acessar a interface *web* e baixar imagens de dispositivos.

PASSOS DE INSTALAÇÃO

1. **Baixar o EVE-NG:** Acesse o site oficial (https://www.eve-ng.net) e baixe a ISO ou pacote correspondente para sua plataforma. Comando no Linux para download via terminal: *wget* <URL-do-arquivo>;
2. **Preparar o Ambiente Base:** Instale o Ubuntu Server 20.04 utilizando o assistente padrão. Durante a instalação, configure um usuário administrador e uma senha segura. Atualize o sistema com os comandos: *sudo apt update && sudo apt upgrade -y*;
3. **Instalar Dependências do EVE-NG:** Execute os comandos abaixo para preparar o ambiente: *sudo apt install -y bridge-utils cpu-checker qemu-kvm libvirt-clients libvirt-daemon-system virtinst unzip*;

4. **Instalar o EVE-NG:** Siga os comandos fornecidos pela documentação oficial. Para a versão *Community*, utilize:

```
wget <URL-do-instalador>
chmod +x <nome-do-instalador>
sudo ./<nome-do-instalador>
```

5. **Configurar o Acesso *Web*:** Após a instalação, acesse o servidor via navegador digitando o IP configurado (ex.: http://<seu-ip>);

- Configure as opções iniciais, como idioma e login do administrador.

6. **Importar Imagens de Dispositivos:** Adicione imagens de sistemas operacionais de roteadores e *switches*, seguindo o guia oficial;

- Exemplo para imagens Cisco IOS:

```
scp <imagem-ios> user@<seu-servidor>:/opt/unetlab/addons/dynamips/
```

Após transferir as imagens, utilize o comando:

```
sudo /opt/unetlab/wrappers/unl_wrapper -a fixpermissions
```

7. **Baixar o EVE-NG:** Disponível no site oficial («https://www.eve-ng.net»);
8. **Preparar o Ambiente Base:** Instalar o Ubuntu Server e garantir que todas as dependências estejam atualizadas;
9. **Instalar o EVE-NG:** Seguir as instruções detalhadas da documentação oficial para configurar o sistema;
10. **Configurar o Acesso *Web*:** Acessar o EVE-NG por meio de um navegador utilizando o IP do servidor configurado;

11. **Importar Imagens de Dispositivos:** Adicionar imagens de sistemas operacionais de dispositivos como roteadores e *switches*, obtidas de fontes licenciadas.

11.4 CRIAÇÃO DE REDES NO EVE-NG

Configuração Básica:

1. Adicionando Dispositivos:

- Acesse a interface *web* e selecione a opção "Add New Node";
- Escolha o tipo de dispositivo desejado e configure seus parâmetros, como interfaces de rede;

2. Conectando Dispositivos:

- Utilize a ferramenta "Connect" para conectar os dispositivos por meio de cabos virtuais;

3. Configuração Inicial:

- Configure os dispositivos acessando seus terminais diretamente pela interface do EVE-NG.

Exemplo de configuração de um roteador Cisco:

```
Router> enable
Router# configure terminal
Router(config)# interface GigabitEthernet0/0
Router(config-if)# ip address 192.168.1.1 255.255.255.0
Router(config-if)# no shutdown
Router(config-if)# exit
```

11.5 CONFIGURAÇÃO AVANÇADA

Suporte a SDN e NFV

O EVE-NG oferece suporte completo para plataformas de redes definidas por *software* (SDN) e virtualização de funções de rede (NFV). Isso inclui compatibilidade com ferramentas como OpenFlow, Open vSwitch e outras tecnologias modernas, permitindo testes avançados em ambientes virtualizados.

Integração com Redes Físicas:

- **Bridge Interfaces:** Configure interfaces de rede do EVE-NG para conectá-las a redes reais;
- **Casos de Uso:** Ideal para testar novos equipamentos, validar configurações ou treinar equipes em ambientes simulados.

11.6 ESTUDOS DE CASO

CASO 1: LABORATÓRIO PARA CERTIFICAÇÕES CISCO

Objetivo

Criar uma topologia de rede para práticas relacionadas ao exame CCNA, utilizando conceitos fundamentais como roteamento estático, configuração de VLANs e protocolos de conectividade.

Configuração Passo a Passo

1. Adicionar Dispositivos:

- Abra a interface *web* do EVE-NG e clique em “Add New Node”;
- Adicione dois roteadores Cisco, dois *switches* e dois PCs para simular uma pequena rede corporativa.

2. Conectar os Dispositivos:

- Use a ferramenta de conexão para ligar:
  - **Roteador 1** (porta GigabitEthernet0/0) ao ***Switch* 1**;
  - **Roteador 2** (porta GigabitEthernet0/0) ao ***Switch* 2**;
  - Cada PC ao *switch* correspondente;
  - Conecte os roteadores utilizando a interface Serial0/0/0.

3. Configurar os Roteadores:

No **Roteador 1:**

```
Router> enable
Router# configure terminal
Router(config)# interface GigabitEthernet0/0
Router(config-if)# ip address 192.168.1.1 255.255.255.0
Router(config-if)# no shutdown
Router(config-if)# exit
Router(config)# interface Serial0/0/0
Router(config-if)# ip address 10.0.0.1 255.255.255.252
Router(config-if)# clock rate 64000
Router(config-if)# no shutdown
Router(config-if)# exit
Router(config)# ip route 192.168.2.0 255.255.255.0 10.0.0.2
Router(config)# exit
```

No **Roteador 2:**

```
Router> enable
Router# configure terminal
Router(config)# interface GigabitEthernet0/0
Router(config-if)# ip address 192.168.2.1 255.255.255.0
Router(config-if)# no shutdown
Router(config-if)# exit
Router(config)# interface Serial0/0/0
```

```
Router(config-if)# ip address 10.0.0.2 255.255.255.252
Router(config-if)# no shutdown
Router(config-if)# exit
Router(config)# ip route 192.168.1.0 255.255.255.0 10.0.0.1
Router(config)# exit
```

4. Configurar os *Switches*:

- No ***Switch*** **1**:

```
Switch> enable
Switch# configure terminal
Switch(config)# interface range FastEthernet0/1-2
Switch(config-if)# switchport mode access
Switch(config-if)# switchport access vlan 10
Switch(config-if)# no shutdown
Switch(config-if)# exit
Switch(config)# vlan 10
Switch(config-vlan)# name VLAN10
Switch(config-vlan)# exit
```

- Repita os passos no ***Switch*** **2**, alterando o número da VLAN para 20.

5. Configurar os PCs:

- **PC1:**
  - IP Address: 192.168.1.10
  - Subnet Mask: 255.255.255.0
  - Gateway: 192.168.1.1
- **PC2:**
  - IP Address: 192.168.2.10
  - Subnet Mask: 255.255.255.0
  - Gateway: 192.168.2.1

6. Testar a Conectividade:

- Utilize o comando *ping* nos PCs para verificar a comunicação entre as sub-redes;

Exemplo: ping 192.168.2.10 do PC1.

Resultados Esperados

Se configurado corretamente, os dispositivos devem se comunicar por meio dos roteadores utilizando roteamento estático. A segmentação por VLANs garante o isolamento inicial e a comunicação somente entre dispositivos configurados na VLAN.

- **Objetivo:** Criar uma topologia para práticas relacionadas ao exame CCNA;
- **Configuração:** Implementar roteadores Cisco conectados a *switches* e PCs simulados, com roteamento dinâmico e VLANs.

CASO 2: TESTE DE IMPLEMENTAÇÃO DE *FIREWALL*

- **Objetivo:** Validar regras ACL e políticas de segurança;
- **Configuração:** Configurar *firewalls* Fortinet, simulando cenários de ataques e proteção de redes corporativas.

CASO 3: REDES CORPORATIVAS COM SDN

- **Objetivo:** Implementar e testar o funcionamento de redes definidas por *software*;
- **Configuração:** Utilizar controladores SDN para gerenciar *switches* e roteadores virtuais.

11.7 BENEFÍCIOS DO EVE-NG

1. **Custo-efetividade:** Reduz a necessidade de adquirir *hardware* físico;
2. **Escalabilidade:** Atende tanto a pequenos laboratórios educacionais quanto a grandes projetos empresariais;
3. **Educação:** Ferramenta indispensável para treinamentos técnicos e certificações profissionais;
4. **Flexibilidade:** Suporte para múltiplos fabricantes e protocolos de redes modernas.

Quadro 11.1 – Comparativo

Benefício	Community Edition	Professional Edition
Custo	Gratuito	Pago
Suporte Multiusuário	Limitado	Completo
Recursos Avançados	Básicos	Ampliados
Desempenho	Moderado	Otimizado
Suporte Técnico	Comunidade	Dedicado
Ambientes Corporativos	Não recomendado	Recomendado

Fonte: Elaborado pelo autor, 2025.

O quadro acima facilita a compreensão das diferenças entre as versões disponíveis, ajudando o leitor a escolher a mais adequada para as suas necessidades.

Conclusão

O EVE-NG é uma das plataformas mais completas para emulação de redes, oferecendo recursos avançados para criação, teste e validação de configurações em ambientes virtuais. Seja para aprendizado, treinamento ou desenvolvimento de projetos, essa ferramenta se destaca por sua versatilidade, suporte a múltiplos fabricantes e capacidade de integração com redes físicas. Com versões gratuitas e pagas, o EVE-NG atende tanto a iniciantes quanto a profissionais avançados, consolidando-se como uma escolha essencial no campo de redes de computadores.

QUESTÕES

1. O que é o EVE-NG e quais são as suas principais finalidades?

2. Quais são as diferenças entre as versões *Community Edition* e *Professional Edition* do EVE-NG?

3. Cite três características principais do EVE-NG que o tornam adequado para projetos de redes modernas.

4. Quais são os requisitos mínimos de *hardware* recomendados para utilizar o EVE-NG eficientemente?

5. Descreva o processo de configuração básica de um roteador Cisco no EVE-NG.

6. Como o EVE-NG suporta redes definidas por *software* (SDN)?

7. Explique como o EVE-NG pode ser integrado a redes físicas e dê um exemplo de aplicação.

8. Quais são os benefícios do EVE-NG em relação ao uso de *hardware* físico em laboratórios de redes?

---

9. No estudo de caso sobre *firewalls*, quais são os objetivos principais de um teste de implementação?

---

10. Por que o EVE-NG é considerado uma ferramenta indispensável para profissionais que buscam certificações como CCNA?

Capítulo 12:

ESTUDOS DE CASO E PROJETOS PRÁTICOS

Este capítulo é dedicado à aplicação prática dos conceitos teóricos e das configurações que você aprendeu nos capítulos anteriores. Por meio de estudos de caso e projetos práticos, você terá a oportunidade de consolidar o conhecimento e as habilidades adquiridos em cenários reais ou simulados. Esses projetos foram elaborados para cobrir diversos contextos, incluindo redes de pequenas empresas, instituições educacionais e grandes corporações, com foco em *troubleshooting* e simulação de problemas enfrentados no dia a dia de um administrador de redes.

12.1 PROJETO DE REDE PARA UMA PEQUENA EMPRESA

12.1.1 Descrição do Cenário

A empresa fictícia "TechSolutions" possui:

- **Sede:** 10 PCs, 1 servidor de arquivos, 1 roteador e 2 *switches*;
- **Filiais:** 5 PCs e 1 roteador por filial (2 filiais).

O objetivo é construir uma rede simples e funcional, garantindo conectividade entre as unidades, segurança no compartilhamento de arquivos e escalabilidade para futuras expansões.

12.1.2 Etapas do Projeto e Solução Passo a Passo

1. **Planejamento da Topologia:**

- **Divisão da rede em sub-redes:** Use o processo de *subnetting* para dividir o espaço de endereçamento. Por exemplo:
  - Sede: 192.168.1.0/24
  - Filial 1: 192.168.2.0/24
  - Filial 2: 192.168.3.0/24
- **Configuração dos endereços IP exclusivos:** Defina uma faixa distinta para cada sub-rede. Isso evita sobreposição e facilita o roteamento.

2. **Configuração da Rede Local (LAN):**

   1. **Na Sede:**

- A configuração da rede local na sede deve incluir a definição de endereços IP estáticos para dispositivos principais, como servidores e PCs. Essa abordagem garante uma identificação consistente na rede e facilita o gerenciamento.

Configuração da Rede Local (LAN) no Cisco Packet Tracer

1. **Na Sede:**

Configurar IPs estáticos para os dispositivos principais na rede local, simulada no Cisco Packet Tracer. Essa configuração é feita diretamente na interface gráfica dos dispositivos.

- **Configurações Recomendadas:**
  - **Servidor de arquivos:** IP estático: 192.168.1.10

- **Gateway (roteador):** IP estático: 192.168.1.1
- **PCs:** IPs estáticos: Faixa entre 192.168.1.11 e 192.168.1.20

2. **Passo a Passo para Configuração no Cisco Packet Tracer:**

a. Configuração no PC (IP estático):

1. Clique duas vezes no ícone do **PC** na topologia do Packet Tracer para abrir a janela de configurações;
2. Navegue até a aba **Desktop** e clique em **IP Configuration**.
3. Preencha os campos:

- **IP Address:** 192.168.1.11
- **Subnet Mask:** 255.255.255.0 (padrão para redes /24)
- **Default Gateway:** 192.168.1.1

b. Configuração no Roteador (*Gateway*):

Clique no **roteador** e abra a **CLI** (Interface de Linha de Comando).

Configure o endereço IP da interface conectada à rede:

```
enable
configure terminal
interface GigabitEthernet0/0
ip address 192.168.1.1 255.255.255.0
no shutdown
exit
```

c. Configuração do Servidor (IP estático):

- Clique no ícone do **servidor** na topologia.
- Navegue até a aba **Desktop** e acesse **IP Configuration**.
- Preencha os campos:

- **IP Address:** 192.168.1.10
- **Subnet Mask:** 255.255.255.0
- **Default Gateway:** 192.168.1.1

2. **Nas filiais:**

Configure um servidor DHCP no roteador para atribuir IPs automaticamente:

```
configure terminal
ip dhcp pool FILIAL1
network 192.168.2.0 255.255.255.0
default-router 192.168.2.1
exit
```

3. **Conectividade Entre Filiais:**

- **Configuração dos roteadores:**

Para roteamento estático, adicione rotas manuais para conectar as sub-redes: No roteador da sede:

```
configure terminal
ip route 192.168.2.0 255.255.255.0 10.0.0.2
ip route 192.168.3.0 255.255.255.0 10.0.0.3
exit
```

Nos roteadores das filiais:

```
configure terminal
ip route 192.168.1.0 255.255.255.0 10.0.0.1
exit
```

Para roteamento dinâmico com RIP:

```
configure terminal
router rip
network 192.168.1.0
```

```
network 10.0.0.0
exit
```

4. **Segurança:**

Configuração de ACLs:

Para restringir o acesso ao servidor de arquivos:

```
access-list 10 permit 192.168.1.0 0.0.0.255
access-list 10 deny any
interface GigabitEthernet0/0
ip access-group 10 in
exit
```

Firewall básico: Use ACLs adicionais para filtrar tráfego indesejado:

```
access-list 100 deny tcp any any eq 23
access-list 100 permit ip any any
interface Serial0/0
ip access-group 100 in
exit
```

5. **Testes de Conectividade:**

- Utilize o comando *ping* para testar a conectividade entre as sub-redes:

```
ping 192.168.2.10
ping 192.168.3.10
```

Verifique as rotas e o estado do roteamento:

```
show ip route
show running-config
```

6. **Documentação:**

- **Relatório:** Inclua um diagrama de topologia com ferramentas como o Cisco Packet Tracer;
- Detalhe as configurações realizadas, incluindo tabelas de endereçamento, ACLs aplicadas e topologia usada.

12.2 IMPLEMENTAÇÃO DE UMA REDE PARA UMA INSTITUIÇÃO EDUCACIONAL

12.2.1 Descrição do Cenário

A "EduNet" atende a:

- **Prédio Acadêmico:** Salas de aula com 100 PCs, laboratório de informática com 50 PCs e 10 servidores;
- **Prédio Administrativo:** Escritórios com 50 PCs.

O objetivo é criar uma rede escalável e segmentada por **VLANs** para melhorar o desempenho e a segurança, com suporte ao acesso à internet e políticas robustas de controle.

12.2.2 Etapas do Projeto e Solução Passo a Passo

1. **Segmentação com VLANs:**

- **Criação de VLANs:**

Crie VLANs para segmentar o tráfego:

```
configure terminal
vlan 10
name Academica
vlan 20
```

```
name Administrativa
vlan 30
name Servidores
exit
```

- **Configuração de portas VLAN:**

Atribua portas às VLANs conforme a necessidade:

```
interface FastEthernet0/1
switchport mode access
switchport access vlan 10
exit
interface FastEthernet0/2
switchport mode access
switchport access vlan 20
exit
```

- **Configuração de *Trunking*:**

Configure os links entre *switches* para permitir o tráfego de múltiplas VLANs:

```
interface GigabitEthernet0/1
switchport mode trunk
switchport trunk allowed vlan 10,20,30
exit
```

2. **Configuração de Roteadores:**

- **Configuração do roteador para inter-VLAN:**

```
Configure subinterfaces para cada VLAN:
interface GigabitEthernet0/0.10
encapsulation dot1Q 10
ip address 192.168.10.1 255.255.255.0
exit
```

```
interface GigabitEthernet0/0.20
encapsulation dot1Q 20
ip address 192.168.20.1 255.255.255.0
exit
interface GigabitEthernet0/0.30
encapsulation dot1Q 30
ip address 192.168.30.1 255.255.255.0
exit
```

- **DHCP para atribuição automática de IPs:**

Configure pools DHCP para cada VLAN:

```
ip dhcp pool Academica
network 192.168.10.0 255.255.255.0
default-router 192.168.10.1
exit
ip dhcp pool Administrativa
network 192.168.20.0 255.255.255.0
default-router 192.168.20.1
exit
ip dhcp pool Servidores
network 192.168.30.0 255.255.255.0
default-router 192.168.30.1
exit
```

3. **Acesso à Internet:**

- **Configuração de NAT:**

Configure NAT para fornecer acesso à internet para todas as VLANs:

```
interface GigabitEthernet0/1
ip address 200.200.200.1 255.255.255.252
exit
ip nat inside source list 1 interface GigabitEthernet0/1 overload
access-list 1 permit 192.168.0.0 0.0.255.255
```

- **Restrição de acesso:**

Configure ACLs para impedir que a VLAN Acadêmica acesse os servidores administrativos:

```
access-list 100 deny ip 192.168.10.0 0.0.0.255 192.168.30.0
0.0.0.255
access-list 100 permit ip any any
interface GigabitEthernet0/0
ip access-group 100 in
exit
```

4. **Segurança:**

- **Configuração de *Firewalls*:**

Adicione regras de *firewall* para proteger os servidores:

```
access-list 110 deny tcp any any eq 23
access-list 110 deny ip any host 192.168.30.1
access-list 110 permit ip any any
interface GigabitEthernet0/0
ip access-group 110 in
```

- **Criptografia Wi-Fi:**

Configure criptografia WPA2 nas redes sem fio para autenticação segura (depende do ponto de acesso configurado no projeto).

5. **Testes e Validação:**

- **Testes de conectividade:**

Realize *ping* entre dispositivos de VLANs diferentes para garantir a comunicação controlada.

```
ping 192.168.10.10
ping 192.168.20.10
```

- **Verificação de ACLs:**

Confirme que as restrições de acesso estão funcionando conforme planejado com o comando:

```
show access-lists
```

- **Testes de NAT:**

Verifique se as VLANs podem acessar a internet:

```
ping 8.8.8.8
```

Com essas configurações, a rede "EduNet" estará segmentada por VLANs, protegida por *firewalls* e ACLs, com suporte a acesso seguro à internet e gerenciamento eficiente.

12.3 SIMULAÇÃO DE REDES DE GRANDES EMPRESAS

12.3.1 Descrição do Cenário

A "GlobalCorp" possui:

- **Sede:** 500 funcionários;
- **5 filiais:** Cada uma com 100 funcionários e 2 servidores.

O objetivo é projetar uma rede escalável, com redundância e políticas avançadas de segurança para garantir alta disponibilidade e desempenho.

12.3.2 Etapas do Projeto e Solução Passo a Passo

1. **Planejamento da Topologia:**

- **Topologia Hierárquica:**
  - Utilize *switches* de núcleo, distribuição e acesso para organizar a rede de forma escalável;
  - Conecte cada filial à sede utilizando links dedicados e redundantes.
- **Configuração de OSPF:**

Configure o protocolo de roteamento dinâmico OSPF para suportar mudanças na topologia e roteamento eficiente: No roteador da sede:

```
configure terminal
router ospf 1
network 192.168.0.0 0.0.255.255 area 0
exit
```

Nos roteadores das filiais:

```
configure terminal
router ospf 1
network 192.168.[ID_FILIAL].0 0.0.0.255 area 1
network 10.0.[ID_FILIAL].0 0.0.0.255 area 0
exit
```

2. **Configuração de Redundância:**

- **HSRP (Hot Standby Router Protocol):**

Configure HSRP para redundância de roteadores na sede:

```
interface GigabitEthernet0/0
ip address 192.168.1.1 255.255.255.0
```

```
standby 1 ip 192.168.1.254
standby 1 priority 100
standby 1 preempt
exit
```

No roteador secundário:

```
interface GigabitEthernet0/0
ip address 192.168.1.2 255.255.255.0
standby 1 ip 192.168.1.254
standby 1 priority 90
standby 1 preempt
exit
```

3. **Segurança Avançada:**

- **VPNs:**

Configure VPNs para garantir comunicação segura entre a sede e as filiais:

```
crypto isakmp policy 10
encr aes
hash sha
authentication pre-share
group 2
exit
crypto isakmp key VPN_KEY address [IP_FILIAL]
```

- **IPS:**

Adicione um IPS para monitorar atividades maliciosas:

```
ips signature-category
category all
retire action produce-alert
exit
```

4. **Gerenciamento de Tráfego:**

- **QoS (Quality of Service):**

Configure políticas de QoS para priorizar tráfego sensível:

```
class-map match-any VOIP
match protocol rtp
exit
policy-map PRIORITY
class VOIP
priority percent 30
class class-default
fair-queue
exit
```

Aplique a política nas interfaces relevantes:

```
interface GigabitEthernet0/1
service-policy output PRIORITY
exit
```

5. **Teste e Monitoramento:**

- **Testes de Conectividade:**

Utilize comandos como *ping* e *traceroute* para verificar conectividade:

```
ping 192.168.10.10
traceroute 192.168.10.10
```

- **Monitoramento de Rede:**

Utilize ferramentas de monitoramento para garantir desempenho e segurança:

```
show ip ospf neighbor
show ip route ospf
show standby
```

Com essas configurações, a rede "GlobalCorp" terá alta disponibilidade, comunicação segura entre as filiais e sede, e políticas avançadas para garantir desempenho e segurança. Além disso, o uso de ferramentas de monitoramento permitirá uma gestão eficiente e proativa.

12.4 *TROUBLESHOOTING* DE REDES COM CISCO PACKET TRACER

12.4.1 Descrição do Cenário

A rede de uma empresa fictícia, "NetCorp", enfrenta problemas de conectividade. Dispositivos em uma filial não conseguem acessar a internet e há falhas de comunicação entre VLANs.

12.4.2 Etapas do *Troubleshooting* e Solução Passo a Passo

1. **Diagnóstico Inicial:**

- ***Ping* e *Traceroute*:** Use essas ferramentas para identificar onde o tráfego está sendo bloqueado:

```
ping 192.168.1.1
traceroute 192.168.1.1
```

- **Tabelas de Roteamento:** Verifique inconsistências nas tabelas de roteamento com:

```
show ip route
```

2. **Verificação de Configurações:**

- **Configuração de IPs:** Certifique-se de que os dispositivos possuem IPs corretos e que os gateways padrão estão configurados:

```
show ip interface brief
```

- **VLANs e *Trunking*:** Verifique se as VLANs estão configuradas e propagadas corretamente:

```
show vlan brief
show interfaces trunk
```

3. **Análise de ACLs e *Firewalls*:**

- **Regras de ACLs:** Analise as listas de controle de acesso para garantir que não bloqueiem tráfego legítimo:

```
show access-lists
```

- **Configuração de *Firewalls*:** Verifique se as regras aplicadas estão corretas e ajustá-las se necessário:

```
access-list 100 permit ip any any
interface GigabitEthernet0/0
ip access-group 100 in
```

4. **Monitoramento e Validação:**

- **Testes Pós-Correção:** Após corrigir os problemas, teste novamente a conectividade:

```
ping 8.8.8.8
traceroute 8.8.8.8
```

- **Logs de Sistema:** Monitore os logs para verificar possíveis alertas ou erros persistentes:

```
show logging
```

Com essas etapas, você poderá diagnosticar e corrigir os problemas de conectividade na rede "NetCorp", garantindo estabilidade e desempenho em toda a infraestrutura.

1. **Diagnóstico Inicial:**

- Utilize *ping* e *traceroute* para identificar onde o tráfego está sendo bloqueado;
- Verifique as tabelas de roteamento para identificar inconsistências.

2. **Verificação de Configurações:**

- Revise configurações de IP, máscaras de sub-rede e *gateways*-padrão;
- Confirme que VLANs estão configuradas corretamente e *trunking* habilitado nos *switches*.

3. **Análise de ACLs e *Firewalls*:**

- Verifique regras configuradas para garantir que não bloqueiem tráfego legítimo;
- Ajuste configurações conforme necessário.

4. **Monitoramento e Validação:**

- Após corrigir os problemas, monitore a rede para garantir estabilidade e desempenho;
- Realize novos testes para validar as rotas e ACLs configuradas.

Conclusão

Este capítulo apresentou estudos de caso e projetos práticos que conectam teoria e prática. Por meio de exemplos envolvendo redes de pequenas empresas, instituições educacionais e grandes corporações, você foi exposto a desafios reais de design, configuração e *troubleshooting*. Esse aprendizado é essencial para se preparar para o mercado de trabalho e gerenciar redes complexas com eficiência e segurança.

No próximo capítulo, discutiremos as tendências e inovações em redes de computadores, incluindo SDN, IoT, 5G e redes virtuais. Este capítulo focou em estudos de caso e projetos práticos para aplicar o conhecimento teórico em redes. Através de cenários de pequenas empresas, instituições educacionais e grandes corporações, você foi exposto a situações reais de design, configuração, segurança e troubleshooting de redes. Essa prática é fundamental para se preparar para o mercado de trabalho e lidar com redes complexas de maneira eficaz e segura. No próximo capítulo, discutiremos as tendências e inovações em redes de computadores, incluindo SDN, IoT, 5G e redes virtuais.

QUESTÕES

1. Qual é o principal objetivo de realizar estudos de caso em redes de computadores?

2. Descreva o cenário fictício da empresa TechSolutions apresentado no capítulo.

3. Quais são as etapas iniciais para o planejamento de uma rede em um estudo de caso?

4. Por que o *subnetting* é importante em projetos de redes corporativas?

5. Como configurar roteamento estático para interligar a sede e as filiais de uma empresa?

6. Qual é a vantagem de usar roteamento dinâmico em redes corporativas?

7. Quais dispositivos são essenciais para implementar uma rede em uma instituição educacional?

8. Explique o papel das VLANs na segmentação de redes em projetos empresariais.

9. Como configurar VLANs para separar o tráfego de diferentes departamentos em uma empresa?

10. O que é um *gateway*-padrão e por que ele é fundamental em redes?

11. Quais são os passos para configurar uma DMZ (Zona Desmilitarizada) no projeto de uma rede?

12. Explique como as ACLs podem ser usadas para restringir o acesso a recursos específicos da rede.

13. Quais são os principais erros comuns no *troubleshooting* de redes corporativas e como solucioná-los?

14. Como validar a conectividade entre diferentes dispositivos em uma rede simulada?

15. Qual é a importância de implementar políticas de segurança no projeto de redes corporativas?

16. Quais ferramentas de simulação são recomendadas para criar estudos de caso de redes?

17. Descreva como documentar um projeto de rede para apresentação.

18. Como a simulação de cenários no Cisco Packet Tracer auxilia no planejamento de redes?

19. Quais métricas devem ser analisadas para avaliar o desempenho de uma rede corporativa?

20. Quais são os principais desafios encontrados ao gerenciar redes em grandes corporações?

Capítulo 13:

TENDÊNCIAS E INOVAÇÕES EM REDES DE COMPUTADORES

As redes de computadores estão em constante evolução, impulsionadas por novas tecnologias que visam melhorar a eficiência, segurança e escalabilidade das infraestruturas de rede. Neste capítulo, exploraremos algumas das principais tendências e inovações que estão moldando o futuro das redes de computadores: Redes Definidas por *Software* (SDN), a Internet das Coisas (IoT), redes móveis de próxima geração (5G), computação em nuvem, redes autônomas e redes quânticas. Entender essas tecnologias é crucial para profissionais que desejam se manter atualizados e prontos para os desafios futuros.

13.1 REDES DEFINIDAS POR *SOFTWARE* (SDN)

13.1.1 Conceitos e Arquitetura SDN

As Redes Definidas por *Software* (SDN) representam uma abordagem inovadora para o gerenciamento de redes, caracterizada pela separação entre o plano de controle e o plano de dados. Em redes tradicionais, essas funções estão integradas aos dispositivos de rede, como *switches* e roteadores. No entanto, em SDN, o plano de controle é centralizado em um controlador SDN, enquanto o plano de dados é responsável pelo encaminhamento dos pacotes de acordo com as diretrizes estabelecidas pelo controlador (Forouzan, 2013).

Principais Componentes da Arquitetura SDN

1. **Controlador SDN**: Atua como o cérebro da rede, gerenciando o comportamento dos dispositivos conectados de forma centralizada. Exemplos incluem OpenDaylight e ONOS.
2. **Dispositivos de Rede**: Incluem *switches* e roteadores que executam as instruções do controlador, encaminhando pacotes de acordo com as regras definidas.
3. **Interfaces**:

- **Interface Norte**: Comunicação entre o controlador e os aplicativos que gerenciam a rede.
- **Interface Sul**: Comunicação entre o controlador e os dispositivos de rede.

Benefícios Arquiteturais

- **Centralização do Controle**: Simplifica a gestão e implementação de políticas;
- **Flexibilidade**: Permite ajustes dinâmicos para atender às demandas em tempo real;
- **Escalabilidade**: Adequada para redes complexas e em constante crescimento (Stallings, 2014).

13.1.2 Vantagens e Aplicações das SDN

Benefícios Específicos

1. **Automatização**: Reduz a necessidade de configuração manual, permitindo uma maior agilidade na gestão;
2. **Monitoramento Avançado**: Ferramentas integradas aos controladores SDN oferecem visibilidade completa da rede, ajudando na detecção de falhas e anomalias;
3. **Customização**: Permite criar soluções sob medida para atender às necessidades específicas de diferentes indústrias.

Exemplos de Uso

1. ***Data Centers***:

- SDN facilita a gestão de grandes volumes de tráfego, otimizando a alocação de recursos;
- Implementação de redes virtuais para segurança e isolação de clientes.

2. **Redes de Provedores de Serviços**:

- Provedores utilizam SDN para automatizar a entrega de serviços, como redes privadas virtuais (VPNs);
- Habilitam a função de *network slicing*, permitindo a criação de redes dedicadas para aplicações específicas.

3. **Segurança em Redes**:

- A SDN facilita a aplicação de políticas de segurança, como *firewall* dinâmico e segmentação automatizada.

Exemplo Prático: Implementação de Controlador SDN com OpenFlow

Utilizando a biblioteca Ryu, implementaremos um controlador SDN básico que gerencia *switches* OpenFlow.

Passo a Passo:

1. **Configuração do Ambiente**:

- Instale o Ryu em um servidor Linux:

```
sudo apt install python3-ryu
```

2. **Criando o Controlador**:

- Implemente o seguinte código:

```
from ryu.base import app_manager
from ryu.controller import ofp_event
from ryu.controller.handler import CONFIG_DISPATCHER,
MAIN_DISPATCHER
from ryu.controller.handler import set_ev_cls
from ryu.ofproto import ofproto_v1_3

class SimpleSwitch13(app_manager.RyuApp):
    OFP_VERSIONS = [ofproto_v1_3.OFP_VERSION]

    def __init__(self, *args, **kwargs):
        super(SimpleSwitch13, self).__init__(*args, **kwargs)
        self.mac_to_port = {}

    @set_ev_cls(ofp_event.EventOFPSwitchFeatures, CON-
FIG_DISPATCHER)
    def switch_features_handler(self, ev):
        datapath = ev.msg.datapath
        ofproto = datapath.ofproto
        parser = datapath.ofproto_parser
```

```
        match = parser.OFPMatch()
        actions = [parser.OFPActionOutput(ofproto.OFPP_CON-
TROLLER,
                                          ofproto.OFPCML_NO_BUFFER)]
        self.add_flow(datapath, 0, match, actions)

    def add_flow(self, datapath, priority, match, actions):
        ofproto = datapath.ofproto
        parser = datapath.ofproto_parser
        inst = [parser.OFPInstructionActions(ofproto.OFPIT_
APPLY_ACTIONS,
                                             actions)]
        mod = parser.OFPFlowMod(datapath=datapath, priori-
ty=priority,
                                match=match, instructions=inst)
        datapath.send_msg(mod)

    @set_ev_cls(ofp_event.EventOFPPacketIn, MAIN_DISPA-
TCHER)
    def _packet_in_handler(self, ev):
        msg = ev.msg
        datapath = msg.datapath
        ofproto = datapath.ofproto
        parser = datapath.ofproto_parser
        in_port = msg.match['in_port']

        pkt = packet.Packet(msg.data)
        eth = pkt.get_protocols(ethernet.ethernet)[0]

        dst = eth.dst
        src = eth.src
        dpid = datapath.id
        self.mac_to_port.setdefault(dpid, {})

        self.mac_to_port[dpid][src] = in_port
```

```
        if dst in self.mac_to_port[dpid]:
            out_port = self.mac_to_port[dpid][dst]
        else:
            out_port = ofproto.OFPP_FLOOD

        actions = [parser.OFPActionOutput(out_port)]

        match = parser.OFPMatch(in_port=in_port, eth_dst=dst,
eth_src=src)
        if out_port != ofproto.OFPP_FLOOD:
            self.add_flow(datapath, 1, match, actions)

        data = None
        if msg.buffer_id == ofproto.OFP_NO_BUFFER:
            data = msg.data

        out = parser.OFPPacketOut(datapath=datapath, buffer_
id=msg.buffer_id,
                                  in_port=in_port, actions=actions, data=data)
        datapath.send_msg(out)
```

3. **Testando o Controlador**:

- **Executar o Controlador**:
  - Salve o código em um arquivo chamado simple_switch.py.
  - Execute-o no servidor com o comando:

```
ryu-manager simple_switch.py
```

  - O controlador ficará aguardando conexões de *switches* OpenFlow.

- **Conectar um *Switch* OpenFlow ao Controlador**:
  - Utilize o emulador Mininet para criar uma topologia de teste:

```
sudo mn --topo single,2 --controller=remote,ip=<IP_DO_SERVIDOR> --switch ovs,protocols=OpenFlow13
```

- Substitua <IP_DO_SERVIDOR> pelo endereço IP do servidor onde o controlador está em execução.

- **Testar a Conectividade**:
  - No terminal do Mininet, use o comando *pingall* para verificar a conectividade entre os *hosts* da topologia.
- **Monitorar o Controlador**:
  - Observe os logs no terminal onde o controlador foi executado. Você verá mensagens indicando os pacotes recebidos e as regras configuradas no *switch*.
- **Inspecionar as Regras de Fluxo**:
  - Use o comando a seguir para verificar as regras configuradas pelo controlador no *switch*:

```
sudo ovs-ofctl dump-flows <nome_do_switch> --protocol=OpenFlow13
```

- Isso exibirá as regras que o controlador instalou no *switch* para gerenciar o tráfego.

Estudo de Caso:

SDN em *Data Centers*

Cenário 1: Provisionamento Dinâmico de Redes Virtuais

Um provedor de serviços de nuvem utiliza SDN para criar redes virtuais isoladas para diferentes clientes. Antes da adoção de SDN, a configuração manual de VLANs e sub-redes causava atrasos de várias horas ou até dias. Com SDN, a implementação de uma nova rede virtual é automatizada.

Objetivo

Implementar um ambiente que utilize SDN para criar redes virtuais isoladas para diferentes clientes de forma dinâmica e eficiente, reduzindo o tempo necessário para provisionamento e gerenciamento manual.

Passo a Passo

1. CONFIGURAÇÃO DO AMBIENTE

1. **Requisitos de *Hardware* e *Software***:

- Um servidor com Linux instalado (Ubuntu 20.04 ou superior recomendado);
- *Switches* configuráveis via OpenFlow (pode ser emulado usando Mininet);
- Controlador SDN, como OpenDaylight, configurado no servidor.

2. **Instalação do Controlador SDN**:

Baixe e instale o OpenDaylight:

```
wget
https://nexus.opendaylight.org/content/groups/public/org/opendaylight/integration/distribution-karaf/0.7.3/distribution-karaf-0.7.3.tar.gz
tar -xvf distribution-karaf-0.7.3.tar.gz
cd distribution-karaf-0.7.3
./bin/karaf
```

Instale os módulos necessários para gerenciamento de OpenFlow:

```
feature:install odl-restconf odl-l2switch-switch odl-openflowplugin-all
```

3. **Configuração do Ambiente de Teste com Mininet**:

- Instale o Mininet:
  sudo apt install mininet
- Crie uma topologia de exemplo com 2 *switches* e 2 *hosts* conectados:

```
sudo mn --topo linear,2 --controller=remote,ip=<IP_DO_SER-
VIDOR>,port=6653 --switch ovs,protocols=OpenFlow13
```

2. CONFIGURAÇÃO DO PORTAL DO CLIENTE

1. **Desenvolvimento do Portal *Web***:

- Utilize Python com Flask para criar um portal simples, em que o cliente pode solicitar a criação de redes virtuais;
- Interface básica:
  - Formulário para entrada de parâmetros: nome da rede, número de *hosts*, requisitos de isolamento.
- Exemplo de rota para processamento de requisições:

```
from flask import Flask, request, jsonify
import requests

app = Flask(__name__)

@app.route('/create_network', methods=['POST'])
def create_network():
    data = request.json
    network_name = data['name']
    hosts = data['hosts']

    # Integração com o controlador SDN para provisionamento
    response = requests.post("http://<IP_DO_
```

```
CONTROLADOR>:8181/restconf/config/
network-topology:network-topology",
                    json={
                        "network-name": network_name,
                        "hosts": hosts
                    })
    return jsonify({"status": "success", "details": response.
json()})

if __name__ == '__main__':
    app.run(debug=True)
```

3. AUTOMAÇÃO DO PROVISIONAMENTO

1. **Regras de Isolamento e Roteamento**:

- No controlador SDN, configure regras para:
  - Criar VLANs dedicadas para cada cliente;
  - Garantir que os *hosts* de uma VLAN não possam se comunicar com *hosts* de outra VLAN.

2. **Configuração de Fluxos no Controlador**:

- As regras de isolamento são enviadas ao controlador via REST API;
- Exemplo de regra para criar isolamento com VLANs:

```
curl -X POST http://<IP_DO_CONTROLADOR>:8181/
restconf/config/opendaylight-inventory:nodes/node/open-
flow:1/table/0/flow/1 \
-H "Content-Type: application/json" \
-d '{
  "flow": {
    "id": "1",
    "match": {
```

```
        "vlan-match": {
            "vlan-id": {
                "vlan-id": 100
            }
        }
    },
    "instructions": {
        "instruction": [
            {
                "order": 0,
                "apply-actions": {
                    "action": [
                        {
                            "order": 0,
                            "output-action": {
                                "output-node-connector": "NORMAL"
                            }
                        }
                    ]
                }
            }
        ]
    },
    "priority": 1000,
    "table_id": 0
  }
}'
```

3. **Validação da Rede Virtual**:

Após o provisionamento, use Mininet para validar a conectividade:

```
sudo mn --test pingall
```

4. MONITORAMENTO E GERENCIAMENTO

1. **Ferramentas de Monitoramento**:

Integre o OpenDaylight com o Grafana para monitorar métricas de rede, como uso de largura de banda e latência.

2. **Automação de Alertas**:

Configure alertas para identificar anomalias ou violações de políticas de isolamento.

Resultado Esperado

- O cliente poderá criar uma rede virtual isolada com poucos cliques no portal;
- O provisionamento será concluído em minutos, comparado às horas ou dias do método manual;
- Custos operacionais reduzidos e maior satisfação do cliente devido à eficiência no atendimento.

13.2 Internet das Coisas (IoT)

A Internet das Coisas (IoT) é uma das tendências mais significativas em redes de computadores, caracterizada pela interconexão de dispositivos físicos, sensores e sistemas embutidos na internet. A IoT está transformando indústrias como saúde, manufatura, agricultura e cidades inteligentes, com a capacidade de monitorar e controlar remotamente dispositivos em tempo real. Essa integração melhora a eficiência operacional, reduz os custos e proporciona experiências personalizadas aos usuários.

13.2.1 Estrutura e Componentes da IoT

A estrutura da IoT é composta por diversos elementos que permitem a interconexão e a troca de dados de maneira eficiente:

- **Dispositivos IoT**: Esses dispositivos incluem sensores, atuadores e dispositivos inteligentes que coletam e transmitem dados para sistemas centrais. Sensores podem medir variáveis como temperatura, umidade ou movimento, enquanto atuadores realizam ações como abrir portas ou ligar luzes. Exemplos incluem termostatos inteligentes, câmeras de segurança e dispositivos vestíveis de saúde. Eles geralmente se conectam às redes por Wi-Fi, Bluetooth, Zigbee ou LPWAN (Low Power Wide Area Networks), dependendo da aplicação;
- ***Gateways* IoT**: Esses dispositivos intermediários funcionam como pontes entre sensores/atuadores e a internet. Eles agregam dados coletados pelos dispositivos IoT e os enviam para a nuvem ou sistemas centrais para processamento. Além disso, eles garantem a comunicação bidirecional entre dispositivos locais e servidores remotos, possibilitando a implementação de comandos;
- **Plataformas na Nuvem**: Os dados enviados pelos gateways IoT são armazenados e processados em plataformas de nuvem, como AWS IoT Core, Google Cloud IoT ou Microsoft Azure IoT. Essas plataformas oferecem ferramentas para análise de dados, visualização de informações e gerenciamento remoto dos dispositivos conectados.

13.2.2 Desafios e Soluções para a IoT

Embora a IoT traga inúmeras vantagens, também enfrenta desafios críticos que exigem soluções inovadoras:

- **Escalabilidade**: À medida que o número de dispositivos conectados cresce exponencialmente, as redes precisam lidar com volumes massivos de dados e garantir a comunicação eficiente. Solução: O uso de tecnologias como LPWAN para reduzir o consumo de energia e o processamento local em borda (*edge computing*) para minimizar a carga na nuvem;

- **Segurança**: Dispositivos IoT são vulneráveis a ataques cibernéticos, como roubo de dados ou controle remoto malicioso. Solução: Implementação de criptografia forte, autenticação de dispositivos e atualizações regulares de *firmware* para mitigar riscos;
- **Interoperabilidade**: Dispositivos de diferentes fabricantes podem usar protocolos incompatíveis, dificultando a integração. Solução: O desenvolvimento de padrões globais de comunicação, como o protocolo MQTT e a iniciativa Matter, promovem a compatibilidade entre dispositivos;
- **Privacidade**: Dados sensíveis coletados pelos dispositivos IoT, como informações de saúde ou localização, precisam ser protegidos contra usos indevidos. Solução: Políticas de conformidade, como GDPR (Regulamento Geral de Proteção de Dados), e a transparência na coleta e no uso de dados são essenciais.

13.2.3 Aplicações da IoT

A IoT tem um impacto significativo em diversos setores, transformando como as indústrias funcionam e como as pessoas interagem com o mundo ao seu redor:

- **Cidades Inteligentes**:
  - **Sistemas de controle de tráfego:** Semáforos inteligentes que ajustam os tempos de sinalização com base no fluxo de tráfego em tempo real;
  - **Iluminação pública inteligente:** Lâmpadas de rua que ajustam o brilho conforme a presença de pedestres ou veículos, reduzindo o consumo de energia;
  - **Monitoramento de infraestrutura:** Sensores que detectam desgastes em pontes, rodovias e tubulações, prevenindo desastres.

- **Saúde**:
  - Dispositivos vestíveis, como *smartwatches*, monitoram em tempo real dados de saúde, incluindo frequência cardíaca, níveis de oxigênio no sangue e passos diários. Esses dados ajudam na prevenção de problemas de saúde e no acompanhamento remoto de pacientes por profissionais médicos;
  - Equipamentos hospitalares conectados otimizam o gerenciamento de inventário, como estoques de medicamentos e uso de leitos, além de permitir rastreamento de equipamentos.
- **Agricultura Inteligente**:
  - Sensores no campo monitoram umidade do solo, previsão do tempo e níveis de nutrientes, permitindo a irrigação e o uso de fertilizantes de maneira mais eficiente;
  - Veículos autônomos, como tratores, realizam colheitas baseadas em mapas gerados por drones que analisam a saúde das plantações.
- **Indústria 4.0**:
  - Equipamentos conectados nas linhas de produção monitoram o desempenho e antecipam falhas, reduzindo paradas não planejadas;
  - Robôs colaborativos (*cobots*) trabalham em conjunto com humanos, aumentando a produtividade e reduzindo riscos operacionais.

Conclusão

A IoT está revolucionando diversos setores da sociedade ao possibilitar uma interconexão sem precedentes entre dispositivos e sistemas. Apesar dos desafios significativos, as soluções tecnológicas e as regulamentações estão permitindo que a IoT se desenvolva de forma segura e escalável. Com o avanço da tecnologia, espera-se que a IoT continue a oferecer inúmeras oportunidades para melhorar a qualidade de vida, aumentar a eficiência das indústrias e criar um futuro mais conectado.

13.3 5G E REDES MÓVEIS DE PRÓXIMA GERAÇÃO

A quinta geração de redes móveis, ou 5G, é uma inovação que promete transformar a forma como nos conectamos, oferecendo velocidades de conexão muito superiores às gerações anteriores, com latência reduzida e suporte a um número maior de dispositivos conectados simultaneamente. Isso torna o 5G uma tecnologia-chave para o crescimento de áreas como IoT, carros autônomos e realidade aumentada/virtual (AR/VR).

13.3.1 Principais Características do 5G

- **Velocidade e Latência:** Com velocidades que podem atingir até 10 Gbps e latência reduzida a 1 milissegundo, o 5G permite comunicações quase em tempo real, facilitando aplicações críticas que exigem baixa latência, como telemedicina e carros autônomos;
- **Densidade de Conexões:** O 5G foi projetado para suportar até 1 milhão de dispositivos por quilômetro quadrado, possibilitando o crescimento de redes IoT em larga escala.

13.3.2 Casos de Uso do 5G

- **Indústria 4.0:** O 5G permite a automação avançada de fábricas, com máquinas conectadas que podem se comunicar em tempo real, permitindo uma produção mais eficiente e flexível;
- **Entretenimento e Mídia:** O 5G permite a transmissão de conteúdo de alta definição e experiências imersivas, como AR e VR, diretamente em dispositivos móveis.

13.3.3 Desafios do 5G

- **Infraestrutura:** A implementação do 5G exige uma infraestrutura densa de pequenas células e antenas para garantir cobertura e alta capacidade em áreas urbanas;
- **Interoperabilidade:** O 5G precisa ser integrado com as tecnologias de gerações anteriores (4G, LTE) para garantir uma transição suave e contínua para usuários finais.

13.4 COMPUTAÇÃO EM NUVEM E REDES VIRTUAIS

A computação em nuvem e as redes virtuais têm sido muito relevantes na transformação digital de empresas e organizações, permitindo o uso de infraestrutura de TI de maneira flexível, sob demanda e escalável. A migração de redes e serviços para a nuvem permite às empresas gerenciar as suas operações de maneira mais eficiente, reduzindo os custos e aumentando a agilidade.

13.4.1 Conceitos de Redes Virtuais

- **Virtualização de Funções de Rede (NFV)**: A NFV (Network Function Virtualization) permite a execução de funções de rede, como *firewalls*, roteadores e balanceadores de carga, em ambientes virtuais, eliminando a necessidade de *hardware* dedicado. Essa abordagem reduz significativamente os custos operacionais e melhora a flexibilidade, permitindo implantações rápidas e a otimização de recursos com base na demanda. Um exemplo prático é o uso de *firewalls* virtuais em *data centers* que podem ser ativados em minutos, em vez de semanas, como em configurações tradicionais de *hardware*;
- **Rede como Serviço (NaaS)**: O modelo de Rede como Serviço permite que empresas aluguem infraestrutura de rede em vez de comprar *hardware*, oferecendo flexibilidade para

ajustar suas redes dinamicamente conforme a demanda. O NaaS é ideal para empresas que precisam escalar rapidamente ou que possuem equipes remotas, pois fornece conectividade segura e gerenciada por meio de assinaturas mensais. Exemplos incluem a utilização de VPNs gerenciadas e redes virtuais para conectar filiais globalmente.

13.4.2 Vantagens da Computação em Nuvem para Redes

- **Escalabilidade**: As redes virtuais em nuvem podem ser escaladas de acordo com a demanda, permitindo que empresas aumentem ou diminuam as suas capacidades conforme necessário. Isso é particularmente vantajoso para lidar com picos de tráfego, como promoções sazonais ou lançamentos de produtos, sem a necessidade de investimentos permanentes em infraestrutura;
- **Agilidade**: A capacidade de criar, modificar e gerenciar redes virtuais em minutos permite que as empresas respondam rapidamente a novas oportunidades ou desafios de mercado. Essa agilidade é essencial para startups e empresas inovadoras que precisam lançar produtos ou serviços rapidamente;
- **Redução de Custos**: A migração para a nuvem elimina gastos com *hardware* físico e sua manutenção, transferindo esses custos para provedores de nuvem que oferecem soluções sob demanda. Isso reduz despesas operacionais e facilita o planejamento financeiro;
- **Segurança Avançada**: Provedores de nuvem oferecem ferramentas de segurança robustas, como monitoramento em tempo real, mitigação de ataques DDoS e criptografia ponta a ponta. Isso garante que dados sensíveis estejam protegidos mesmo em ambientes distribuídos;
- **Alta Disponibilidade**: Serviços baseados em nuvem oferecem redundância e disponibilidade global, minimizando interrupções e garantindo que os serviços permaneçam ativos mesmo durante falhas locais.

13.4.3 Aplicações e Desafios

Aplicações

- **Infraestrutura como Serviço (IaaS)**:

Empresas utilizam IaaS para alugar recursos de rede, armazenamento e computação sob demanda, sem a necessidade de investir em *hardware*. Isso permite que organizações escalem sua infraestrutura rapidamente e paguem apenas pelo que utilizam. Exemplos incluem o uso de máquinas virtuais na AWS ou Azure para hospedar aplicações e serviços.

- **Desenvolvimento de Aplicações**:

Plataformas de nuvem permitem que desenvolvedores criem e testem aplicações em ambientes isolados e seguros, otimizando o ciclo de desenvolvimento. Ferramentas como Google Cloud e Microsoft Azure oferecem suporte para integração contínua e DevOps.

- **Redes Privadas Virtuais (VPNs)**:

As VPNs baseadas em nuvem oferecem conectividade segura para equipes remotas e filiais globais, garantindo comunicação confiável e segura.

Desafios

- **Segurança e Compliance**:

A migração para a nuvem exige atenção redobrada à segurança. É essencial implementar criptografia avançada, controle de acesso rigoroso e monitoramento contínuo para proteger dados sensíveis. Além disso, a conformidade com regulamentações como GDPR e LGPD é crucial para evitar penalidades legais e proteger a privacidade dos usuários.

- **Dependência de Provedores**:

A transição para serviços de nuvem cria uma dependência de fornecedores específicos, o que pode limitar a flexibilidade e aumentar os custos em longo prazo. A adoção de estratégias multi-cloud pode mitigar esse problema.

- **Integração com Sistemas Legados**:

Integrar redes virtuais com infraestrutura legada pode ser um desafio técnico significativo, exigindo planejamento cuidadoso e soluções híbridas para garantir a compatibilidade.

- **Custos Variáveis**:

Embora a nuvem ofereça flexibilidade financeira, a falta de controle adequado pode levar a custos inesperados, especialmente em cenários de uso intenso. Monitorar e otimizar o consumo de recursos é essencial.

Conclusão

A computação em nuvem e as redes virtuais estão revolucionando a maneira como as empresas gerenciam suas infraestruturas de TI, oferecendo benefícios significativos em termos de flexibilidade, escalabilidade e segurança. Apesar dos desafios, as soluções de nuvem continuam a evoluir, tornando-se mais acessíveis e robustas. Com uma estratégia bem planejada, as organizações podem aproveitar essas tecnologias para impulsionar sua transformação digital e manter sua competitividade no mercado.

13.5 O FUTURO DAS REDES: REDES AUTÔNOMAS E IA

A Inteligência Artificial (IA) está começando a desempenhar um papel significativo nas redes de computadores, especialmente na automação de tarefas, como monitoramento de rede, detecção de anomalias e otimização de desempenho. A combinação de redes autônomas e IA promete transformar a maneira como as redes são gerenciadas, tornando-as mais eficientes, seguras e resilientes.

13.5.1 Redes Autônomas

As redes autônomas são uma evolução do gerenciamento tradicional, utilizando IA para executar tarefas de forma automatizada e inteligente. Essa abordagem reduz a intervenção humana e permite respostas rápidas e precisas a problemas complexos.

- **Monitoramento Inteligente**: Algoritmos de IA podem monitorar redes em tempo real, analisando grandes volumes de dados para detectar padrões incomuns, como picos de tráfego ou comportamento suspeito. Em caso de falhas ou ameaças, a IA pode tomar ações corretivas automaticamente, como isolar um segmento comprometido ou redirecionar o tráfego para evitar congestionamentos. Por exemplo, em um ataque DDoS, a IA pode identificar o aumento anormal de requisições e bloquear as fontes maliciosas instantaneamente;
- **Otimização de Roteamento**: Com base em dados coletados continuamente, a IA pode otimizar o roteamento de pacotes, ajustando dinamicamente as rotas para minimizar latência, aumentar a largura de banda disponível e evitar gargalos. Essa funcionalidade é essencial para aplicações críticas, como videoconferências ou jogos online, em que o desempenho é fundamental.

13.5.2 Aprendizado de Máquina (Machine Learning) em Redes

O aprendizado de máquina, um subcampo da IA, é amplamente utilizado em redes para aprimorar a detecção de problemas e melhorar a eficiência operacional. Ele permite que as redes "aprendam" com os dados históricos e se adaptem a novas situações.

- **Detecção de Anomalias:** Algoritmos de aprendizado de máquina podem identificar atividades suspeitas em redes, como ataques cibernéticos ou falhas de *hardware*, em estágios iniciais.

Exemplo com K-Means:

```
import numpy as np
from sklearn.cluster import KMeans
from sklearn.metrics import silhouette_score

# Dados simulados: [volume de pacotes, tempo de resposta]
dados_rede = np.array([
   [200, 50], [210, 45], [195, 48], # Tráfego normal
   [400, 80], [420, 85]            # Tráfego suspeito
])

# Configurando o algoritmo K-Means
kmeans = KMeans(n_clusters=2, random_state=42) # Dois
clusters: normal e anômalo
kmeans.fit(dados_rede)

# Classificando os dados
labels = kmeans.labels_

# Identificando anomalias
anomalias = dados_rede[labels == 1]
print("Dados anômalos detectados:")
print(anomalias)

# Avaliando a qualidade dos clusters
sil_score = silhouette_score(dados_rede, labels)
print(f"Índice de Silhueta: {sil_score:.2f}")
```

Como usar: Utilize dados coletados em tempo real para alimentar o modelo, identificando rapidamente padrões anômalos. Quando detectados, ações como bloqueio de IPs podem ser implementadas automaticamente.

- **Gerenciamento Proativo:** O uso de IA pode prever problemas de rede antes que eles ocorram, permitindo que administradores de rede resolvam os problemas antes que causem interrupções.

Exemplo com Regressão Linear:

```
import numpy as np
from sklearn.linear_model import LinearRegression

# Dados históricos: [uso de CPU, largura de banda] e [latência
resultante]
dados_historicos = np.array([
    [50, 100], [60, 120], [70, 140],  # Uso normal
    [80, 160], [90, 200]              # Cenários mais exigentes
])
latencia = np.array([10, 12, 14, 16, 18]) # Latência em milis-
segundos

# Configurando o modelo de regressão
modelo = LinearRegression()
modelo.fit(dados_historicos, latencia)

# Prevendo a latência com base em novos dados
novos_dados = np.array([[85, 180]]) # Exemplo de uso atual
latencia_prevista = modelo.predict(novos_dados)
print(f"Latência prevista: {latencia_prevista[0]:.2f} ms")

# Ação proativa
if latencia_prevista[0] > 15:  # Limite aceitável de latência
    print("Ação necessária: balancear carga ou aumentar recur-
```

```
sos.")
else:
print("Rede estável. Nenhuma ação necessária.")
```

Como usar: Utilize o modelo para prever condições críticas com base em dados em tempo real e implemente ajustes automáticos, como redirecionamento de tráfego ou alocação de recursos.

As redes autônomas e a IA estão moldando o futuro das redes de computadores, trazendo benefícios como maior eficiência, segurança aprimorada e respostas rápidas a incidentes. Apesar dos desafios de implementação, como altos custos iniciais e a necessidade de treinamento especializado, o impacto positivo dessas tecnologias é inegável. À medida que a IA e o aprendizado de máquina continuam a evoluir, espera-se que as redes se tornem cada vez mais autônomas, inteligentes e resilientes, transformando a forma como as organizações operam e inovam.

13.5.3 Redes Quânticas: A Nova Fronteira

As redes quânticas representam uma revolução em comunicação e segurança, utilizando propriedades da física quântica para realizar tarefas que seriam impossíveis com as redes clássicas. Esses avanços abrem caminho para comunicações ultrasseguras e processamento de dados em larga escala.

- **Distribuição de Chaves Quânticas (QKD):** Algoritmos como o protocolo BB84 permitem a troca de chaves criptográficas seguras entre dois pontos. A mecânica quântica garante que qualquer tentativa de interceptação seja detectada instantaneamente, assegurando a integridade da comunicação.

Exemplo com QKD:

Este exemplo simula a geração e medição de chaves no protocolo BB84 de Distribuição de Chaves Quânticas (QKD). Em Python, os estados quânticos são representados como strings

(|0>, |1>, |+>, |->), e as bases de medição (Z e X) determinam como os *qubits* são medidos.

```
import numpy as np

def gerar_chave(bits):
    # Gera estados quânticos aleatórios para o protocolo BB84.
    estados = np.random.choice(['|0>', '|1>', '|+>', '|->'],
size=bits)
    return estados
    estados = np.random.choice(['|0>', '|1>', '|+>', '|->'],
size=bits)
    return estados

def medir_qubits(estados, base):
    # Mede os qubits usando a base especificada (Z ou X).
    resultados = []
    resultados = []
    for estado in estados:
        if base == "Z":
            resultados.append(estado if estado in ['|0>', '|1>']
else None)
        elif base == "X":
            resultados.append(estado if estado in ['|+>', '|->']
else None)
        else:
            resultados.append(None)
    return resultados

n_bits = 10  # Número de qubits gerados e medidos no
experimento.
estados_emissor = gerar_chave(n_bits)
base_emissor = np.random.choice(['Z', 'X'], size=n_bits)
base_receptor = np.random.choice(['Z', 'X'], size=n_bits)

resultados = medir_qubits(estados_emissor, base_receptor)
```

```
chave_compartilhada = [
    estado for estado, base_e, base_r in zip(estados_emissor,
base_emissor, base_receptor)
    if base_e == base_r and estado is not None
]

print("Chave compartilhada:", chave_compartilhada)
```

- **Teletransporte Quântico:** Este método permite a transferência de estados quânticos entre nós de uma rede, sem mover fisicamente partículas. Ele é a base para redes quânticas seguras e computação distribuída.

Exemplo Simplificado:

```
def teletransporte_quantico(estado_inicial, entrelacado, medida):
    estado_final = f"{estado_inicial} + {entrelacado}" # Combi-
nação do estado inicial e entrelaçamento.
    ajuste = "X" if medida == "|1>" else "I"
    return f"Ajustado: {ajuste} aplicado ao estado final"

estado_original = "|ψ>"
entrelacamento = "|Φ+>"
medida = "|0>"
estado_transportado = teletransporte_quantico(estado_origi-
nal, entrelacamento, medida)

print("Estado teletransportado:", estado_transportado)
```

- **Roteamento Quântico Otimizado:** Em redes quânticas, encontrar rotas que maximizem a fidelidade é essencial. Algoritmos de otimização, como Dijkstra adaptado para pesos quânticos, podem ser usados.

Exemplo com Roteamento:

```
import networkx as nx

grafo_quantico = nx.Graph() # Representa a rede quântica
como um grafo com fidelidades como pesos.
grafo_quantico.add_edge("A", "B", weight=0.9)
grafo_quantico.add_edge("B", "C", weight=0.85)
grafo_quantico.add_edge("A", "C", weight=0.6)

def melhor_caminho_quantico(grafo, origem, destino):
    # Determina o melhor caminho entre dois nós da rede
quântica.
    return nx.shortest_path(
        grafo, source=origem, target=destino, weight="weight",
method="dijkstra"
    )

caminho = melhor_caminho_quantico(grafo_quantico, "A",
"C")
print("Melhor caminho quântico:", caminho)
```

As redes quânticas estão emergindo como uma tecnologia disruptiva que combina princípios fundamentais da física quântica com necessidades modernas de comunicação. Ao possibilitar transferências ultrasseguras, otimização de rotas com fidelidade e aplicações como teletransporte quântico, essas redes prometem revolucionar setores como segurança cibernética, computação distribuída e criptografia. Embora desafios técnicos, como a estabilidade de *qubits* e os altos custos iniciais, ainda precisem ser superados, os avanços na pesquisa e no desenvolvimento sugerem que as redes quânticas desempenharão um papel central no futuro da tecnologia. À medida que a infraestrutura evolui e a adoção aumenta, essas redes abrirão novos horizontes para a conectividade global e a inovação tecnológica.

QUESTÕES

1. O que são Redes Definidas por *Software* (SDN) e quais são seus principais componentes?

2. Explique a função de um controlador SDN em uma rede.

3. Quais são os benefícios das SDNs em relação às redes tradicionais?

4. Como a Internet das Coisas (IoT) impacta o design e a segurança das redes?

5. Cite exemplos de dispositivos comuns que fazem parte do ecossistema IoT.

6. Quais são os principais desafios associados ao 5G?

7. Explique como o 5G melhora a latência e o *throughput* em redes móveis.

8. Quais são os principais casos de uso do 5G em aplicações industriais?

9. O que são redes virtuais e como são usadas na computação em nuvem?

10. Explique o conceito de redes autônomas e a sua relação com inteligência artificial.

11. Como o aprendizado de máquina é aplicado na automação de redes?

12. O que são redes quânticas e como elas prometem revolucionar a segurança de dados?

13. Quais são as vantagens da integração de SDN com NFV (Virtualização de Funções de Rede)?

14. Como a computação em nuvem transforma o gerenciamento de redes corporativas?

15. Explique como o 5G facilita a implementação de IoT em larga escala.

16. Quais são os desafios de segurança em redes IoT e como mitigá-los?

17. Descreva um exemplo prático de aplicação de redes quânticas.

18. O que é o conceito de interface norte e sul em SDN?

19. Como o uso de IA em redes pode melhorar a detecção de ameaças?

20. Quais são as principais tendências futuras em redes mencionadas no capítulo?

Conclusão Geral

Este livro foi desenvolvido com o objetivo de oferecer uma introdução completa e prática ao estudo de redes de computadores, desde os conceitos mais fundamentais até as inovações e tendências mais recentes. Ao longo dos capítulos, exploramos os componentes essenciais que compõem uma rede, passando por topologias, protocolos, segurança, equipamentos e até uso de ferramentas, como o Cisco Packet Tracer para simulações práticas. Agora, concluímos o livro com uma revisão dos principais conceitos, a importância da prática constante e os próximos passos para quem deseja seguir uma carreira profissional nessa área.

Resumo dos Conceitos Abordados

Ao longo dos capítulos, você foi exposto aos principais elementos que formam o campo das redes de computadores:

- **Fundamentos de Redes**: O livro começou com a apresentação dos tipos de redes (LAN, MAN, WAN) e as diversas topologias utilizadas para interconectar dispositivos, como as topologias de barramento, anel, estrela e malha;
- **Protocolos de Rede**: Aprofundamos nos modelos de referência, como o modelo OSI e o modelo TCP/IP, e exploramos protocolos fundamentais, como *Ethernet*, IP, TCP/UDP, HTTP e DNS;
- **Equipamentos de Rede**: Roteadores, *switches, hubs, firewalls* e outros dispositivos essenciais foram discutidos em detalhes, com explicações sobre as suas funções e os seus usos práticos em redes de diversos tamanhos;
- **Endereçamento e Sub-Redes**: Tanto IPv4 quanto IPv6 foram abordados, com ênfase no entendimento das suas estruturas e no processo de *subnetting* para otimização do espaço de endereçamento;
- **Segurança de Redes**: Foram abordadas as ameaças e vulnerabilidades comuns em redes, assim como as principais práticas de segurança, incluindo o uso de criptografia, *firewalls*, VPNs e ACLs para proteger os dados e controlar o acesso;

- **Simuladores de Redes**: Apresentamos ferramentas como o Cisco Packet Tracer e GNS3, que permitem a criação e teste de redes de forma prática, proporcionando um ambiente seguro para aprendizado e experimentação;
- **Configuração de Redes**: A partir de tutoriais práticos com o Cisco Packet Tracer, cobrimos desde a criação de redes simples até a configuração de roteadores, *switches*, VLANs, roteamento dinâmico e implementação de políticas de segurança avançadas.

Importância da Prática e Continuação dos Estudos

Estudar redes de computadores exige não apenas uma sólida compreensão teórica, mas também a capacidade de aplicar esse conhecimento de maneira prática. A simulação de cenários reais, seja por meio de *softwares* como o Cisco Packet Tracer ou em ambientes controlados, é fundamental para o desenvolvimento de habilidades aplicadas.

A prática constante permitirá que você:

- **Desenvolva as suas habilidades de *troubleshooting***: A identificação e solução de problemas são essenciais em qualquer ambiente de redes, e somente através da prática você conseguirá dominar essa habilidade crítica;
- **Acompanhe a evolução da tecnologia**: O campo das redes de computadores está em constante evolução. As tecnologias emergentes, como SDN, IoT, 5G e computação em nuvem, exigem que os profissionais estejam sempre aprendendo e se adaptando às novas tendências.

Aprofundar-se em certificações, como a **Cisco CCNA**, **CompTIA Network+** ou **AWS Certified Advanced Networking**, pode ser um ótimo próximo passo para validar o seu conhecimento e se preparar para desafios mais complexos no mercado de trabalho.

Próximos Passos para Profissionais de Redes

Para quem deseja seguir carreira como profissional de redes, é essencial focar nos seguintes pontos:

1. **Obtenção de Certificações**:

- As certificações são um diferencial competitivo importante no mercado. Começar com certificações de nível fundamental, como o **CCNA (Cisco Certified Network Associate)**, pode abrir portas para posições em redes;
- Outras certificações, como **CompTIA Network+** e **Juniper Networks Certification** são altamente recomendadas.

2. **Prática com Redes Reais e Simulações**:

- Use simuladores como **Cisco Packet Tracer** e **GNS3** para criar redes mais complexas. Pratique a configuração de dispositivos, roteamento dinâmico, VLANs, ACLs e *firewalls*;
- Se possível, envolva-se em projetos reais, seja em estágios, trabalhos voluntários ou iniciativas pessoais, para desenvolver suas habilidades em um ambiente real de rede.

3. **Fique Atualizado com as Tendências**:

Mantenha-se informado sobre as tendências em **SDN**, **IoT**, **5G**, e as evoluções na **segurança de redes**. Esses tópicos são cada vez mais valorizados no mercado, especialmente com a digitalização crescente de negócios.

4. ***Networking* Profissional**:

Participe de eventos, conferências e fóruns online para se conectar com outros profissionais da área de redes e compartilhar conhecimento.

Considere ingressar em associações profissionais, como o **IEEE** ou a **ISOC (Internet Society)**, para acesso a materiais de estudo e oportunidades de *networking*.

APÊNDICES

Os apêndices desta obra servem como uma referência rápida para conceitos e termos técnicos essenciais, bem como recursos adicionais para continuar os seus estudos e as suas pesquisas.

Glossário de Termos Técnicos

Este glossário inclui definições de termos técnicos fundamentais mencionados ao longo do livro. Aqui, você encontrará explicações concisas de termos como **VLAN**, **QoS**, **Roteamento Dinâmico**, **NAT**, entre outros. Esse recurso é útil para consulta rápida durante a leitura ou enquanto trabalha em projetos práticos.

Exemplo de termos incluídos no glossário:

- **ACL (Access Control List)**: Um conjunto de regras usadas para permitir ou negar tráfego de rede com base em endereços IP, portas ou protocolos;
- **VPN (Virtual Private Network)**: Uma tecnologia que cria uma conexão segura entre duas redes por meio da internet pública;
- **QoS (Quality of Service)**: Mecanismos que priorizam tipos específicos de tráfego de rede para garantir a qualidade, especialmente para dados sensíveis, como voz e vídeo.

Tabelas de Referência Rápida

As tabelas de referência rápida fornecem informações úteis para consulta rápida sobre configurações e comandos comumente usados. Isso inclui:

- Comandos CLI para *switches* e roteadores Cisco;
- Máscaras de sub-rede comuns e seu respectivo número de *hosts*;
- Portas TCP e UDP bem conhecidas.

Exemplo de tabela:

Porta	Protocolo	Descrição
80	TCP	HTTP (Hypertext Transfer Protocol)
443	TCP	HTTPS (Secure HTTP)
53	UDP/TCP	DNS (Domain Name System)

Links Úteis e Recursos Adicionais

Esta seção fornece uma lista de recursos online, incluindo tutoriais, ferramentas de simulação, comunidades de suporte e bibliotecas digitais para ajudar a expandir o seu aprendizado.

Exemplos de links incluídos:

- **Cisco Networking Academy**: Cursos gratuitos e tutoriais sobre redes: https://www.netacad.com/;
- **GNS3**: *Software* de simulação de redes: https://www.gns3.com/;
- **Packet Tracer Labs**: Repositório de laboratórios práticos em Cisco Packet Tracer: https://packettracernetwork.com/.

Com este conjunto de recursos, você estará bem equipado para continuar a sua jornada de aprendizado em redes de computadores e desenvolver uma carreira sólida no campo.

ENCERRAMENTO

Com isso, encerramos este livro. Lembre-se: a chave para o sucesso em redes de computadores é a prática contínua, busca por certificações e atualização constante sobre as inovações e tendências do mercado. Boa sorte na sua jornada!

GABARITOS

CAPÍTULO 1:

1. Rede de computadores é a interconexão de dispositivos que compartilham recursos e informações, permitindo a comunicação entre sistemas.
2. Os protocolos de rede definem as regras e procedimentos para o envio e recebimento de dados entre dispositivos.
3. LAN, MAN e WAN.
4. LAN cobre uma área local como residências e escritórios; WAN conecta grandes distâncias, como países ou continentes.
5. Rede projetada para cobrir uma área metropolitana, conectando LANs em prédios ou filiais próximas.
6. Rede de computadores em uma escola ou laboratório.
7. Devido à baixa escalabilidade e dependência do cabo principal, que pode interromper toda a rede em caso de falha.

8. Vantagens: eficiência de transmissão e organização lógica. Desvantagens: vulnerabilidade a falhas e dificuldade de expansão.

9. Dispositivos conectados a um ponto central, como um *switch*; muito utilizada em redes corporativas e domésticas.

10. Alta redundância e confiabilidade devido aos múltiplos caminhos de comunicação.

11. Desempenho, custo, segurança, facilidade de manutenção e escalabilidade.

12. Combinação de duas ou mais topologias para atender a necessidades específicas de uma rede.

13. Local (LAN), metropolitana (MAN) e longa distância (WAN).

14. Tempo que os dados levam para viajar de um ponto a outro na rede.

15. Topologia de barramento: baixo custo e baixa escalabilidade. Topologia de estrela: custo maior e maior escalabilidade.

16. Os dispositivos interagem através de canais de comunicação, que podem ser cabeados ou sem fio.

17. Interrupção da comunicação entre todos os dispositivos conectados à rede.

18. Cobertura global e possibilidade de conectar várias LANs e MANs.

19. Para conectar diferentes prédios e departamentos em um único campus.

20. Fibra óptica e links de rádio.

CAPÍTULO 2:

1. Um protocolo de rede define regras para a comunicação entre dispositivos, garantindo organização e interoperabilidade.
2. O modelo OSI possui 7 camadas, enquanto o TCP/IP tem 4 camadas mais simplificadas e diretamente aplicáveis.
3. Camadas: Física, Enlace de Dados, Rede, Transporte, Sessão, Apresentação, Aplicação.
4. Lida com a transmissão de dados brutos sob forma de sinais elétricos, ópticos ou de rádio.
5. Endereçamento físico é o uso de endereços MAC, que ocorre na Camada de Enlace de Dados.
6. Gerenciar o roteamento e endereçamento lógico para que os pacotes cheguem ao destino final.
7. TCP e UDP.
8. TCP: Orientado à conexão, confiável. UDP: Não orientado à conexão, rápido, mas sem garantia de entrega.
9. Porque serve como base teórica para descrever a comunicação em redes, sem especificar tecnologias específicas.
10. Processo de encapsular dados com cabeçalhos de protocolo para transmissão pela rede.
11. Camadas: Acesso à Rede, Internet, Transporte, Aplicação. Funções: desde o envio físico até a interação do usuário.
12. Ambas fornecem serviços para aplicativos, mas a camada do TCP/IP combina funções das camadas de Sessão, Apresentação e Aplicação do OSI.

13. Protocolo de Internet, responsável pelo endereçamento e roteamento, pertencente à Camada de Rede.

14. IPv4 usa endereços de 32 *bits*; IPv6 usa 128 *bits*, oferecendo maior espaço de endereçamento e funcionalidades aprimoradas.

15. Identifica processos em execução no dispositivo, permitindo a comunicação simultânea de múltiplas aplicações.

16. HTTP e HTTPS, operando na camada de aplicação.

17. Mensagem do protocolo ICMP usada para diagnósticos, como no comando *ping*.

18. DNS resolve nomes de domínio em endereços IP, operando na camada de aplicação.

19. Distribui automaticamente endereços IP para dispositivos em uma rede.

20. Proteção de transações financeiras online e navegação segura em sites.

CAPÍTULO 3:

1. O roteador encaminha pacotes entre diferentes redes, escolhendo a melhor rota com base em tabelas de roteamento.

2. O *switch* envia dados apenas ao dispositivo de destino, enquanto o *hub* retransmite para todos os dispositivos conectados.

3. *Switches* não gerenciáveis, gerenciáveis e *Layer* 3.

4. Os *hubs* foram substituídos devido à baixa eficiência e à falta de capacidade de evitar colisões de dados.

5. *Firewall* controla o tráfego entre redes com base em políticas, bloqueando acessos não autorizados.

6. O ponto de acesso conecta dispositivos sem fio a uma rede cabeada, funcionando como uma ponte.

7. NAT (Network Address Translation) traduz endereços IP privados em públicos, geralmente implementado em roteadores.

8. VLAN (Virtual Local Area Network) segmenta uma rede física em redes lógicas, melhorando segurança e desempenho.

9. Roteadores de borda (conectam redes internas a externas), roteadores internos (dentro de uma LAN) e roteadores sem fio.

10. Um *switch Layer* 3 realiza funções de roteamento entre VLANs, além da comutação de pacotes.

11. O STP evita loops em redes com múltiplos *switches*, desativando conexões redundantes.

12. Um *gateway* conecta redes com diferentes protocolos ou arquiteturas, permitindo a comunicação entre elas.

13. *Firewall* de rede protege uma rede inteira; *firewall* de *host* protege um único dispositivo.

14. *Firewalls*, IDS/IPS, *switches* com VLANs e roteadores com ACLs.

15. Configuração de VLANs e QoS (Qualidade de Serviço).

16. Roteadores de borda conectam a rede interna à internet e protegem contra acessos externos.

17. *Broadcast storms* geram tráfego excessivo, causando lentidão ou interrupções na rede.

18. Pontos de acesso *mesh* criam uma rede sem fio interconectada, estendendo o alcance sem necessidade de cabeamento.

19. IDS monitora tráfego em tempo real, detectando atividades suspeitas que o *firewall* possa não bloquear.

20. VLANs isolam tráfego de diferentes departamentos, reduzindo colisões e limitando acessos não autorizados.

CAPÍTULO 4:

1. O endereçamento IP identifica dispositivos em uma rede, permitindo sua comunicação.

2. IPv4 usa 32 *bits* e notação decimal, enquanto IPv6 usa 128 *bits* e notação hexadecimal.

3. Dividido em 4 octetos de 8 *bits* separados por pontos, como 192.168.0.1.

4. 128 *bits*; representado em 8 grupos de 4 dígitos hexadecimais separados por dois pontos, como 2001:0db8::1.

5. A máscara de sub-rede define quais *bits* de um IP pertencem à rede e quais são para *hosts*.

6. Divisão de uma rede maior em sub-redes menores para melhor organização e utilização de IPs.

7. CIDR permite definir máscaras de sub-rede com precisão, evitando desperdício de IPs.

8. Usando a fórmula 2^n, onde n é o número de *bits* emprestados da parte do *host*.

9. 192.0.0.0 a 223.255.255.255.

10. Endereço usado para enviar dados a todos os dispositivos de uma sub-rede.

11. Identifica a rede à qual um dispositivo pertence, sendo obtido ao aplicar a máscara de sub-rede ao IP.

12. Unicast (um único dispositivo), Multicast (grupo de dispositivos) e Anycast (dispositivo mais próximo).

13. Os dispositivos podem configurar automaticamente endereços IPv6 usando o prefixo da rede e a identificação do dispositivo.

14. São faixas específicas (ex.: 127.0.0.0) reservadas para funções internas, como loopback e testes.

15. Endereços públicos são roteáveis na internet; privados são usados em redes internas.

16. Usando a fórmula (2^n) - 2, onde n é o número de *bits* reservados para *hosts*.

17. ARP converte endereços IP em endereços MAC para permitir a comunicação em redes locais.

18. Agrega vários prefixos IP em um único anúncio de roteamento, reduzindo a tabela de roteadores.

19. Suporte a mais dispositivos, segurança embutida (IPSec), autoconfiguração e maior eficiência.

20. Endereços usados para enviar pacotes a múltiplos destinatários simultaneamente, como em streaming de vídeo.

CAPÍTULO 5:

1. Ameaças são riscos que podem comprometer a confidencialidade, integridade ou disponibilidade da rede.

2. Vulnerabilidades são falhas ou fraquezas que podem ser exploradas; ameaças são as ações que aproveitam essas falhas.

3. Um ataque DoS sobrecarrega recursos de uma rede ou servidor, tornando-os indisponíveis.

4. Engana os usuários para obter informações sensíveis, como senhas e dados financeiros.

5. Vírus, *worms*, *trojans*, *spyware* e *ransomware*.

6. Manipulação psicológica para induzir usuários a realizar ações inseguras ou divulgar informações sensíveis.

7. Dispositivo ou *software* que monitora e controla o tráfego com base em regras, bloqueando acessos não autorizados.

8. IDS detecta atividades suspeitas e alerta; IPS previne ativamente ataques, bloqueando tráfego malicioso.

9. Converte dados em um formato ilegível para proteger informações contra acesso não autorizado.

10. HTTPS usa criptografia TLS para garantir comunicação segura entre cliente e servidor.

11. Diretrizes que definem como proteger a rede e seus recursos, prevenindo e respondendo a incidentes.

12. Cria um túnel seguro entre dispositivos remotos e a rede corporativa, protegendo dados em trânsito.

13. MFA exige múltiplas formas de verificação, aumentando a segurança contra acessos não autorizados.

14. Força bruta tenta todas as combinações possíveis de senha; ataque de dicionário usa palavras pré-definidas.

15. Certificados digitais autenticam identidades e garantem que comunicações sejam seguras.

16. Monitora o tráfego da rede para identificar comportamentos suspeitos ou atividades maliciosas.

17. Usar criptografia WPA3, senhas fortes, desativar WPS, e atualizar *firmware* regularmente.

18. Divisão de uma rede em partes menores para isolar tráfego e limitar o alcance de ataques.

19. *Spoofing* é a falsificação de identidade, como IP ou MAC, para enganar dispositivos ou usuários.

20. Garantem a recuperação de dados após falhas, ataques ou desastres, minimizando interrupções.

CAPÍTULO 6:

1. *Software* que replica o funcionamento de redes de computadores para estudo, prática e teste.

2. Permite aprender e praticar configurações sem necessidade de *hardware* físico, reduzindo custos.

3. Cisco Packet Tracer e GNS3.

4. Economia de custos, ambiente seguro para testes e flexibilidade para criar topologias personalizadas.

5. Organização e conexão lógica entre dispositivos simulados, representando o funcionamento da rede.

6. Simulador desenvolvido pela Cisco para aprendizado e prática de configurações de redes.

7. Não suporta todos os recursos de dispositivos reais e não emula dispositivos de outros fabricantes.

8. Simuladores replicam comportamentos; emuladores usam sistemas operacionais reais dos dispositivos.

9. Permitem praticar cenários de configuração e *troubleshooting* cobrados em exames.

10. Laboratórios pré-configurados, tutoriais, modos de simulação e tempo real.

11. GNS3 emula sistemas operacionais reais, enquanto o Packet Tracer é limitado a dispositivos Cisco.
12. Processador *dual-core*, 8 GB de RAM e 20 GB de espaço em disco.
13. Simula redes empresariais complexas com suporte a SDN e NFV, oferecendo escalabilidade.
14. VMs são sistemas operacionais emulados que podem ser integrados para simular servidores e serviços.
15. Nem sempre replicam exatamente o desempenho e o comportamento de redes reais sob carga.
16. Facilita o uso para iniciantes, permitindo configuração arrastando dispositivos e conexões.
17. Permite visualizar o funcionamento interno de protocolos como ARP, DNS e ICMP.
18. Facilitam o teste de novas configurações e cenários sem arriscar a rede real.
19. Possibilitam a simulação de redes heterogêneas, com dispositivos de diversos fabricantes.
20. Fidelidade, facilidade de uso, suporte a dispositivos reais e requisitos de *hardware*.

CAPÍTULO 7:

1. Simulador de redes desenvolvido pela Cisco para ensino e aprendizado de redes de computadores.
2. Processador *dual-core*, 4 GB de RAM, 1,5 GB de espaço em disco e resolução mínima de 1024x768 pixels.
3. Windows 7/8/10, Ubuntu 20.04 ou superior e macOS (suporte limitado).

4. Ao se inscrever gratuitamente no curso "Introduction to Packet Tracer" na Cisco Networking Academy.

5. Modo de tempo real (rede funcionando como no mundo real) e modo de simulação (tráfego desacelerado para análise).

6. PCs, *switches*, roteadores, servidores, pontos de acesso e dispositivos IoT.

7. Acesse o dispositivo, vá até Desktop > *"IP Configuration"* e insira o endereço IP, máscara de sub-rede e *gateway*.

8. Modo de simulação permite observar pacotes em câmera lenta, enquanto o tempo real simula funcionamento normal.

9. Adicione dispositivos na área de trabalho, conecte-os com cabos e configure endereços IP.

10. Clique em *"File"* > *"Save As"*, escolha o local e nomeie o arquivo com extensão .pkt.

11. Tutoriais interativos, laboratórios prontos e recursos integrados do Cisco Networking Academy.

12. Baixe o instalador no site oficial, aceite os termos, escolha o diretório e conclua a instalação.

13. Baixe o pacote .deb, instale com `sudo dpkg -i nome_do_arquivo.deb` e corrija dependências com `sudo apt-get install -f`.

14. Área onde os dispositivos são organizados e conectados para criar a topologia da rede.

15. Permite selecionar e arrastar dispositivos como roteadores, *switches* e PCs para a área de trabalho.

16. Escolha o cabo apropriado (ex.: *Ethernet*), clique no dispositivo de origem e depois no de destino.

17. *Ping* testa a conectividade entre dispositivos enviando pacotes ICMP; acessível pelo *prompt de comando* do PC.

18. Permitem que dispositivos de diferentes redes se comuniquem corretamente.

19. Mostra como os pacotes trafegam entre dispositivos, ajudando a entender o funcionamento de protocolos.

20. Interface intuitiva, recursos didáticos integrados e foco em dispositivos Cisco.

CAPÍTULO 8:

1. Praticar os conceitos básicos de redes, como configuração de dispositivos e conectividade.

2. PCs, *switches* e cabos *Ethernet.*

3. Selecione o dispositivo desejado na barra de dispositivos e arraste-o para a área de trabalho.

4. Cabo *Ethernet*, cabo *crossover* e cabo *serial.*

5. Acesse o dispositivo, vá para Desktop > *"IP Configuration"*, e insira o endereço IP e a máscara de sub-rede.

6. É o endereço do roteador que conecta a rede local a outras redes, como a internet.

7. Configurar interfaces, habilitar portas e, opcionalmente, configurar VLANs e um endereço IP de gerenciamento.

8. Interface virtual usada para gerenciar o *switch*; configurada com *interface vlan 1* e atribuição de IP.

9. Use o *prompt de comando* no PC, digite *ping* [endereço IP do outro PC] e aguarde a resposta.

10. Endereço IP, máscara de sub-rede e ativação da interface com o comando *no shutdown*.

11. Alterne para o modo de simulação, envie um pacote e observe o fluxo detalhado entre dispositivos.

12. Conectar cada PC ao *switch* com cabos *Ethernet*, configurar endereços IP nos PCs e testar a conectividade.

13. Use o comando *description* [texto] dentro da interface no modo de configuração.

14. Para garantir que os dispositivos estejam configurados corretamente e possam se comunicar.

15. *no shutdown*.

16. Verifique se o endereço IP, máscara de sub-rede e *gateway* padrão estão configurados corretamente.

17. Permitem segmentação de tráfego, uso de VLANs e maior controle sobre o desempenho da rede.

18. Conexões físicas representam os cabos; conexões lógicas representam a comunicação entre dispositivos.

19. Configure interfaces com IPs diferentes e use comandos de roteamento como *ip route*.

20. Erros comuns incluem cabos conectados de forma errada, IPs duplicados ou interfaces desativadas; revise as configurações.

CAPÍTULO 9:

1. VLANs segmentam uma rede física em várias redes lógicas, aumentando segurança e desempenho.

2. Use os comandos *vlan* [número] e *switchport access vlan* [número] na interface do *switch*.

3. *Trunking* permite que múltiplas VLANs trafeguem por uma única conexão entre *switches*; configure com *switchport mode trunk*.

4. Roteamento inter-VLAN conecta VLANs diferentes através de um roteador ou *switch Layer* 3.

5. Roteamento estático exige configuração manual de rotas; o dinâmico usa protocolos para aprender rotas automaticamente.

6. Use o comando *ip route* [rede de destino] [máscara] [próximo salto] no modo de configuração.

7. RIP é um protocolo de roteamento dinâmico baseado em vetor de distância; configure com *router rip* e *network* [rede].

8. OSPF é mais escalável, eficiente e rápido, além de suportar redes maiores.

9. Configure com *router ospf* [ID], *network* [rede] *wildcard area* [área] e interfaces correspondentes.

10. ACLs controlam o tráfego de entrada e saída com base em critérios como IP e portas.

11. *access-list* [número] *permit/deny* [IP] *wildcard* e aplique com *ip access-group* [número] *in/out*.

12. ACL padrão filtra por origem IP; ACL estendida filtra por IP, portas e protocolos.

13. Use o comando *show access-lists*.

14. Configure com *ip nat inside source*, identificando interfaces internas e externas.

15. QoS prioriza tráfego crítico; implemente com políticas específicas nos roteadores ou *switches*.

16. STP evita *loops* em redes redundantes; habilite-o com *spanning-tree vlan* [número].

17. Configure DHCP com *ip dhcp pool*, defina o *range* com *network* e o *gateway* com *default-router*.

18. Interfaces de acesso pertencem a uma única VLAN; interfaces *trunk* transportam múltiplas VLANs.

19. Configure senhas, desative portas não usadas, habilite SSH e use ACLs.

20. Teste com comandos como *ping*, *show vlan brief*, *show ip route* e ajuste configurações de roteamento ou ACLs.

CAPÍTULO 10:

1. O GNS3 é uma plataforma de emulação de redes utilizada para criar, testar e aprender sobre redes de computadores.

2. Suporte a dispositivos reais, flexibilidade e maior fidelidade em simulações complexas.

3. Processador *dual-core*, 8 GB de RAM, 20 GB de espaço em disco e sistemas como Windows, Linux ou macOS.

4. Baixe o GNS3 VM, importe para um *hypervisor* como *VirtualBox* e configure a integração no aplicativo GNS3.

5. Emulação é o processo de replicar dispositivos reais, permitindo testes com sistemas operacionais reais.

6. Roteadores, *switches*, PCs, servidores e dispositivos de fabricantes como Cisco, Juniper e Fortinet.

7. Adicione dispositivos à área de trabalho, conecte-os com cabos e configure endereços IP e interfaces.

8. Configure VLANs com comandos no CLI do *switch*, associando portas às VLANs criadas.

9. Habilite o OSPF, configure áreas e adicione redes com comandos no roteador.

10. Garantir que as configurações de rede estão corretas e a comunicação entre dispositivos é funcional.

11. Conectando dispositivos simulados no GNS3 a redes físicas para criar ambientes mistos.

12. Configurar túneis IPsec com criptografia para proteger dados em simulações entre roteadores.

13. Curva de aprendizado alta e maior demanda de recursos em simulações complexas.

14. Permite que múltiplas VLANs trafeguem entre *switches* ou entre *switches* e roteadores.

15. Utilize comandos como *show ip route* e *ping* para verificar conectividade e rotas.

16. Protege o tráfego entre sub-redes, garantindo a confidencialidade e integridade dos dados.

17. Configure ACLs com comandos para permitir ou negar tráfego baseado em critérios como IP ou porta.

18. Configure protocolos como OSPF ou RIP para automatizar a descoberta e o roteamento de pacotes.

19. Use ferramentas como *show crypto ipsec sa* para verificar o estado do túnel e a criptografia.

20. Treinamento, desenvolvimento de redes corporativas e simulação de cenários de segurança.

CAPÍTULO 11:

1. O EVE-NG é uma plataforma de emulação de redes que permite a criação e simulação de ambientes virtuais para testes, aprendizado e desenvolvimento de projetos complexos.
2. A versão *Community Edition* é gratuita, ideal para pequenos laboratórios e aprendizado. A *Professional Edition* é paga, com recursos avançados como suporte otimizado a multiusuários e maior desempenho.
3. (a) Emulação de redes complexas, (b) Interface gráfica *web-based*, (c) Suporte a múltiplos fabricantes.
4. Processador de 4 núcleos, 16 GB de RAM, 100 GB de armazenamento SSD e sistema operacional Ubuntu Server 20.04.
5. A configuração básica inclui habilitar o roteador, acessar a CLI, configurar interfaces com IPs e ativar as portas com o comando *no shutdown*.
6. O EVE-NG suporta SDN ao integrar tecnologias como OpenFlow e Open vSwitch, permitindo a criação de cenários de controle centralizado e automação de redes.
7. Integração via *bridge interfaces*, conectando redes simuladas a dispositivos físicos. Exemplo: testar um novo roteador real em uma topologia virtual.
8. Reduz custos, elimina a necessidade de equipamentos físicos e oferece maior flexibilidade para criar e ajustar configurações.
9. Avaliar regras ACL, identificar vulnerabilidades e validar políticas de segurança em cenários simulados.
10. Porque permite simular topologias complexas e configurar dispositivos conforme exigido nos exames de certificação, proporcionando prática realista.

CAPÍTULO 12:

1. Praticar a aplicação de conceitos teóricos em cenários reais, resolvendo problemas práticos de redes.
2. A empresa TechSolutions tem uma sede e duas filiais, com necessidades de conectividade e segurança.
3. Identificar os requisitos da rede, projetar a topologia e escolher os dispositivos adequados.
4. Permite dividir uma rede maior em sub-redes menores, otimizando o uso de endereços IP.
5. Definir rotas estáticas nos roteadores, interligando as sub-redes manualmente.
6. Permite que os roteadores ajustem automaticamente as rotas em caso de mudanças na topologia.
7. PCs, roteadores, *switches* e servidores, além de pontos de acesso para redes sem fio.
8. Segmentam o tráfego, melhorando a segurança e o desempenho em redes empresariais.
9. Usando comandos CLI para criar VLANs e associar portas específicas no *switch*.
10. É o ponto de saída de uma rede local para outras redes, como a internet.
11. Criação de uma sub-rede separada para serviços públicos, como *web* e e-mail, protegendo a rede interna.
12. Criando regras que permitem ou bloqueiam tráfego baseado em critérios de IP, portas ou protocolos.

13. Problemas comuns incluem endereços IP incorretos, erros de VLAN ou roteamento; solução requer revisão das configurações.

14. Utilizando ferramentas como *ping*, *traceroute* e validação de tabelas de roteamento.

15. Previne acessos não autorizados, protege dados sensíveis e garante a continuidade dos serviços.

16. Cisco Packet Tracer, GNS3 e EVE-NG são ferramentas populares para simulações.

17. Inclui diagramas, tabelas de endereçamento IP, configurações e lista de dispositivos utilizados.

18. Permite testar topologias e configurações sem riscos à infraestrutura real.

19. Latência, *throughput*, largura de banda utilizada e taxa de erros de pacotes.

20. Escalabilidade, segurança, integração de novas tecnologias e gerenciamento de equipes distribuídas.

CAPÍTULO 13:

1. SDN separa o plano de controle do plano de dados, com componentes como controlador SDN, dispositivos de rede e interfaces norte-sul.

2. Centraliza o controle da rede, gerenciando dispositivos e definindo políticas de tráfego.

3. Maior flexibilidade, escalabilidade, automação e gerenciamento centralizado.

4. A IoT introduz inúmeros dispositivos conectados, aumentando a complexidade e os riscos de segurança.

5. Sensores inteligentes, câmeras de segurança e dispositivos domésticos como termostatos e lâmpadas.

6. Alto custo de implementação, regulamentações, consumo de energia e desafios de segurança.

7. Utiliza bandas de frequência mais altas e tecnologias avançadas para reduzir atrasos e aumentar velocidades.

8. Automação industrial, veículos autônomos e telemedicina.

9. Redes lógicas que otimizam recursos físicos na computação em nuvem.

10. Redes que se configuram e se otimizam automaticamente com o uso de IA.

11. Analisando padrões de tráfego e automatizando decisões para melhorar desempenho e segurança.

12. Usam princípios da física quântica para criar comunicações extremamente seguras.

13. Permitem maior flexibilidade e eficiência ao combinar controle centralizado com virtualização de funções.

14. Simplifica o provisionamento de recursos, reduz custos e aumenta a agilidade no gerenciamento.

15. Permite conectar bilhões de dispositivos com baixa latência e alta capacidade.

16. Implementando autenticação forte, criptografia e segmentação de rede.

17. Distribuição de chaves quânticas para criptografia inquebrável.

18. Interface norte conecta aplicativos ao controlador; interface sul conecta o controlador aos dispositivos de rede.

19. Detectando padrões anômalos e alertando sobre possíveis ataques.

20. SDN, IoT, 5G, redes quânticas, computação em nuvem e redes autônomas.

LINKS E QR CODES

1: https://www.netacad.com/

2: https://www.gns3.com

3: https://www.eve-ng.net

4: https://packettracernetwork.com/

REFERÊNCIAS BIBLIOGRÁFICAS

CISCO SYSTEMS. *Configuring Cisco Devices with GNS3*. Disponível em: https://www.cisco.com. Acesso em: 1º jan. 2025.

EVE-NG. *Site oficial*. Disponível em: https://www.eve-ng.net. Acesso em: 3 jan. 2025.

FOROUZAN, Behrouz A. *Data Communications and Networking*. 5. ed. New York: McGraw-Hill, 2013.

KUROSE, James; ROSS, Keith. *Computer Networking: A Top-Down Approach*. 6. ed. Boston: Pearson, 2013.

STALLINGS, William. *Data and Computer Communications*. 10. ed. Boston: Pearson, 2014.

TANENBAUM, Andrew S.; WETHERALL, David J. *Redes de Computadores*. 5. ed. São Paulo: Pearson, 2011.